The Silence of St. Thomas
성 토마스의 침묵

Josef Pieper, *Kurze Auskunft über Thomas von Aquin*,
First published under the title *Über Thomas von Aquin* in 1940
Copyright ⓒ 1953, 1963 Kösel-Verlag
a division of Penguin Random House Verlagsgruppe GmbH, München, Germany

Josef Pieper, *Unaustrinkbares Licht: Das negative Element in der Weltansicht des Thomas von Aquin*,
First published under the title *Theologia negativa* in 1953
Copyright ⓒ 1953, 1963 Kösel-Verlag
a division of Penguin Random House Verlagsgruppe GmbH, München, Germany

Korean Copyright ⓒ The St. Thomas Institute in Korea
이 책의 한국어판 저작권은 '알맹2' 에이전시를 통한 Kösel-Verlag과의
독점계약으로 ⓒ '한국성토마스연구소'에 있습니다.
저작권법의 보호를 받는 저작물이므로 무단전재와 무단복제를 금합니다.

The Silence of St. Thomas
성 토마스의 침묵

교회인가 2023년 4월 31일(원주교구)
제1판 제1쇄 펴낸날 2023년 5월 31일

지은이 | 요셉 피퍼
옮긴이 | 이재룡
펴낸이 | 이재룡
펴낸곳 | 한국성토마스연구소

우편주소 | 25244 강원도 횡성군 우천면 경강로산전7길 28-53
전화번호 | 82-33-344-1238
전자우편 | stik2019@naver.com
홈페이지 | http://www.stik.or.kr
출판등록 | 2018년 6월 19일 (2018-000003호)
인쇄제작 | 오엘북스

ⓒ 한국성토마스연구소

보급 | 한국출판협동조합
전화 | 02) 716-5616

값 15,000원

ISBN 979-11-981560-3-7 03100

토미즘소책 04

성 토마스의 침묵

요셉 피퍼 지음
이재룡 옮김

한국성토마스연구소

| 차 례 |

1. 토마스에 관한 짧은 안내 ·················· 7
  1.1. 생애와 작품 ··· 9
  1.2. 인품 ··· 21
  1.3. 세계관 ··· 32
  1.4. 마지막은 침묵이다 ··· 41

2. 성 토마스 철학의 부정적 요소 ·············· 45
  2.1. 표현되지 않은 것의 지각 ··· 47
  2.2. 비밀의 열쇠: 창조 ··· 49
  2.3. '참되다'는 것은 '창조적으로 사고된다는 것'을
      의미한다 ··· 52
  2.4. 사물들은 창조되었기 때문에 인식될 수 있다 ··· 55
  2.5. 사물들은 창조되었기 때문에 헤아릴 길 없는 깊이를
      지니고 있다 ··· 58
  2.6. 희망: 피조된 인식의 구조 ··· 68

3. 토미즘의 적시성 ························· 73
  3.1. 적시성이란 무엇인가 ··· 75
  3.2. 토미즘 또는 토마스 사상이란? ··· 79
  3.3. 키에르케고르부터 사르트르까지: 체계적 철학에
      대한 불신 ··· 84

3.4. 토마스 아퀴나스: 부정 철학 … 85
3.5. 피조물과 인공물에 관한 단상 … 88
3.6. 소진되지 않는 빛 … 91
3.7. '순수' 철학의 목적 … 95
3.8. 태도로서의 '토미즘' … 98
3.9. 진리와 적시성 … 100

저자후기 … 103
성 토마스 관련 주요 연표 … 107
참고문헌 … 109

부록: 우주적 은자(隱者) 요셉 피퍼(베르나르 슈마커) ………119

인명색인 … 149
사항색인 … 153
역자후기 … 169

1

토마스에 관한 짧은 안내

이 논설은 본래 헤그너출판사에서 『토마스 아퀴나스에 관하여』라는 제목의 소책자로 출간되었다가(*Über Thomas von Aquin*, Hegner, 1940), 나중에는 쾨젤출판사에서 『토마스 아퀴나스에 관한 짧은 안내』라는 제목의 소책자로 출간되었다.

토마스에 관한 짧은 안내

1.1. 생애와 작품

아우구스티누스의 작품들 가운데 어느 책이든, 혹은 심지어 그의 대단히 추상적인 작품인 『삼위일체론』의 어느 한쪽을 펼쳐 읽더라도 틀림없이 다음과 같은 인상을 전해 받을 것이다: 이것은 살과 피를 가진 한 사람에 의해서 쓰인 작품이다. 하지만 성 토마스 아퀴나스의 『신학대전』(*Summa Theologiae*)의 촘촘한 구조를 살펴보게 한다면, 그는 분명 다음과 같이 물으려 할 것이다: 이 문장들은 참으로 살아 있는 사람에 의해서 집필된 것일까? 또는 차라리 어떤 살아 있는 사상가의 호흡에 영향을 받지 않고 정식화된 객관적 내용이 아닐까? 아우구스티누스 사상의 생생한 산물들은 우리로 하여금 결코 (뿌리와 줄기에서 꽃이 피어나듯 그것들이 거기서부터 피어난) 그의 개인적 삶이라는 원천을 잊게 내버려두지 않는다. 그러나 수정(水晶, crystal)이 그것을 형성한 기원이 되는 본질적 액체를 거의 시사하지 않듯이, 성 토마스의 언어도 그 기원이 된, 생생히 살아 숨 쉬던 정신을 시사하는 법이 거의 없다.

하지만 그 작품의 어지럽혀지지 않고 서두르지 않는 평온함을 보고, 저자 자신이 내적-외적 교란으로부터 자유로운 삶을 살았다고 추정하는 것은 피상적인 해석에 지나지 않을 것이다. 반면에

『신학대전』이 근본적으로 평온한 마음을 지닌 사람의 작품일 수 있다는 사실은 명백하다. 성 토마스는 그리스도교 가르침에 대한 자신의 대가다운 개관을 "수도원 다락방의 침묵" 속에서 발견하고 정밀하게 그려낸 것이 아니다. 그는 세상의 이런저런 사건들로부터 단절된 어떤 목가적인 은둔 영역에서 자신의 삶을 살아간 것이 아니었다. 그런 식의 소개는 토마스의 전통적 초상화들을, 그 많은 세부사항들에 있어서 색깔지우거나 색깔을 벗김으로써 부당하게 단순화하는 한에서, 역사적인 사실과 다르다. 그것들은 흔히 상당한 정밀함이 요구되는 전기(傳記) 작성 작업에 영향을 미친다.

이런 교란되지 않는 객관성과 심층으로부터 비쳐져 나오는 평화가, 어지럽지 않기는커녕 그 자체 투쟁으로 소진되었다고 해도 과언이 아닌 삶으로부터 자라날 수 있었다는 바로 그 사실은, 우리에게 그 사람의 특성의 한 단면을 보여준다. 그의 작품은, 우연히 어떤 노골적으로 투쟁적인 (그러나 전투의 절정에서도 결코 진리와 사랑의 규범들로부터 벗어나지 않고 따라서 그 근본적 평화를 잃지 않는) 정신적 기질에 대한 직접적인 반영과 증거를 보여준다. 45세 때 집필한 『영성생활의 완성』(*De perfectione spiritualis vitae*)은 다음과 같은 언급으로 마무리되고 있다: "만일 누군가가 이것에 반대되는 말을 하고자 한다면, 나는 얼마든지 환영한다. 왜냐하면 어떤 반대에 맞서는 것보다 참과 거짓이 더 잘 밝혀질 수 있는 길은 없기 때문이다. 실상 잠언 27장 [17절]에서는 '쇠는 쇠로 다듬어진다'고 말하고 있다. 그리고 우리와 그들 사이에 [누가 옳은지는] 하느님께서 판단하실 것이다. 주님께서는 영원히 찬미받으소서! 아멘."

로레토와 벨카스트로의 영주인 아퀴노의 란둘포(Landulfo de Aquino) 백작은 호엔슈타우펜의 프리드리히 2세(Friedrich II) 황제의 가장 충실한 가신 가운데 하나였다.[1] 황제와 교황 사이의 극렬한 투쟁의 시기 동안 그의 막내아들 토마스는, 그 투쟁과는 동떨어져서 그보다 월등한 직분, 곧 진리를 설파하는 사제 직분을 준비하고 있었다. 그는 당시에 황제의 영토와 교황령 사이의 경계선에 자리 잡고 있으면서 역시 황제의 한 성 역할을 하고 있던 몬테카시노(Monte Cassino)의 베네딕토회 수도원에서 공부를 하고 있었다. 이런 처지에서 토마스가 외부적 교란과 위험들을 벗어나 안전한 삶을 기대하기란 거의 불가능했다.

1239년 초 프리드리히 황제가 파문(破門)되었을 때, 몬테카시노는 직접적인 전쟁터로 바뀌었다. 재정의 절반쯤을 수도회로부터 지원받고 있던 그 성채의 수비대는 그 수가 두 배 이상으로 늘어났다. 요새가 (20년 전에 바로 이 지점에서부터 시칠리아 왕국을 향해 첫 출정을 시작했던) 황제 자신의 명으로 강화된 것이다. 따라서 같은 해에 수도자들은 수도원을 떠나지 않으면 안 되었다. 이렇게 추방된 수도자들의 무리에는 15세가 된 토마스 아퀴나스도 섞여 있었다.

이 탈출은 그 소년을 나폴리로 이끌었는데, 그것이 그의 특수한 운명의 시작이었다. 그것은 그를 은둔생활로부터 빼내어 당대 지성적 전투의 격전지 한가운데로 몰아넣었다. 토마스가 태어나던

---

1. 비록 '역사적'인 것이 이 논문의 요점은 아니지만, 성 토마스에 대한 묘사들이 역사적 증거에 의해서 검증될 것을 요구한다는 점은 말할 필요도 없다. 세세한 문제들뿐만 아니라 전반적 평가 자체도 마찬가지다. 그렇지만 이런 짧은 입문적 소개의 글이 풍부한 인용과 참고문헌들로 넘치는 것은 어울리지 않을 것이다. 독자들은 저자가 특히 역사적 사실 영역에서 얼마나 데니플(Denifle), 에를레(Ehrle), 그랍만(Grabmann), 망도네(Mandonnet), 세펠트(Seppelt) 등의 연구에 빚지고 있는지를 쉽게 알아챌 수 있을 것이다. 나는 역사가들이 특정 전기적 세부사항들에 대해 그들의 해석이 갈린다는 말을 덧붙이고 싶다. 나는 주로 발츠(Angelus Walz, OP)의 작품들을 참조하였다. Cf. Angelus Walz, OP, *St. Thomas Aquinas. A Biographical Study*, tr. S. Bulough, Westminster(MD), 1951.

해에 설립된 나폴리대학은 "신학생들을 양성하는 학교가 아니라 황제의 봉사자들을 양성하는" [역사상] 최초의 "순수 국립대학"이었다.[2] 프리드리히 2세는 그 학교가 교회에 맞서 작동하도록 조치하였다. 여기서 토마스는 관례에 따라 "자유학예"(artes liberales)를 공부하게 되었는데, 가장 중요한 것은 아일랜드 출신 페트루스(Petrus d'Hibernia)의 지도 아래, 당시 교회가 대단히 경계하고 있던 아리스토텔레스(Aristoteles)의 작품들을 접하게 되었다는 사실이다. '아리스토텔레스적인 이론'이란 단지 정통적인 이들에게는 허무주의자, 자유사상가, '계몽가'와도 견줄 수 있는 독설적인 별명이었다. 바로 이 나폴리에서 탁발수도회(托鉢修道會)의 첫 세대를 가득 채울 저 도시의 "청년 운동"(Youth Movement)의 불꽃이 이 젊은 신참의 가슴 속에서 처음으로 피어나게 되었다.

'아리스토텔레스'와 '탁발수도자'(mendicantes)라는 두 단어는 13세기 초반에 우리가 거의 이해할 수 없는 격정적인 폭력으로 교회를 얼룩지게 만든 두 가지 가장 중요한 논쟁들을 가리킨다. 아리스토텔레스와 탁발수도회는 승인과 배격의 소용돌이 한가운데 서 있었다. 토마스가 나폴리에 왔을 때에는 아씨시의 프란치스코(Franciscus de Assisi, +1226)가 선종한 지 15년이 지났을 때였는데, 그 두 탁발수도회는 아직 그 어떤 공적 승인도 받지 못한 상태였다. 반면에 아무리 교황의 승인과 특전들이라 해도 기성 사회(세속 영주들, 신흥 세력들, 도시의 중산층, 재속 성직자들)가 이 주목할 만한 새로운 "가난뱅이들"을 "제정신이 아니"라고(이것은 어느 면에서는 이해할 만한 일이었다), 심지어 "이단적"이라거나 "그리스도의 적

---

2. Ernst Kantorowicz, *Kaiser Friedrich II*, vol.I, Berlin, 1927, pp.124ff.

(Anti-Christus)의 자식들"이라고 부르는 것까지 막을 수는 없었다. 물론 그럼에도 이것은 시대의 역사적 충동 등을 포함해서 그토록 많은 자양분들로부터 자라나는 젊은 영성 운동의 급성장을 막을 수 없었다.

무엇보다도 그것은, 그것이 마치 그들의 정당한 몫이기라도 하듯이, 귀족 가문의 젊은이들을 매료시켰다. 우리는 또한 파리에 있는 프란치스코회와 도미니코회 공동체들이 학생회로부터 많은 신입회원들을 받아들였다는 것을 알고 있다. 기록은 볼로냐대학에서도 비슷했고, 프리드리히 2세의 나폴리대학에서도 역시 비슷했다. 이 모든 젊은이들에게 다음과 같은 사건들은 그들의 마음을 사로잡는 어떤 불빛의 조명이나 매력과 같은 것이었음에 틀림없다. 1231년 파리대학의 장 드 생질스(Jean de St. Giles)라는 교수가 생자크의 도미니코 수도공동체에서 복음적 가난에 관한 강연을 했다. 그는 강연 도중에 무아지경이 되어서 강연을 중단하고, 장상에게 수도회 입회를 청했다. 그리고 그 자신이 도미니코회원이 되고 나서 그 강연을 계속했다. 바로 이런 식으로 도미니코회원들이 파리대학에서 '두 번째 강좌', 곧 내국인 강좌를 획득하지 못했더라면, 혹자는 이 이야기를 하나의 전설로 간주할 수도 있을 것이다. 바로 이 강좌를 토마스 아퀴나스가 20년 뒤에 담당하게 된다.

이 모든 '새로운 것들' 안에 내재하는 힘이 이 나폴리 출신의 젊은 인문학도를 불가항력적으로 논쟁으로 몰아갔고, 결단을 내리지 않을 수 없게 만들었다. 약관의 20세에 토마스는 가난(paupertas)의 이상을 탐구(studium)의 이상과 결합시키는 도미니코 수도회에 입회하였다.

이 결정은 토마스가 프리드리히 2세의 한 가신(家臣)의 아들이었기 때문에, 한 가지 이상의 방식으로 황제에게 도발이 되었음에 틀림이 없다. 그리고 (그의 동생이 강력한 몬테카시노 대수도원장이었고, 자신의 아들이 탁발수도자보다는 거의 군왕과도 같은 대수도원장 직분의 계승자가 되기를 선호하고 있던) 란둘포 백작에게는 탁발수도회 운동 전체가 실제로 신분이 낮은 명예롭지 못한 어떤 것으로 비쳐졌을 가능성이 크다. 이 판단은 그의 가족 전체의 운명과도 직결된 일이었다.

그리고 비록 토마스의 결정에서 정치적 동기를 찾는 것은 어리석은 일이겠지만, 심지어 교회 정치조차도(이 젊은이는 이미 세속 권력에 대한 진리의 우위를 확신하고 있었다) 힘의 정치에 의해서 지배되는 일그러진 마음의 거울 속에서 그의 탁발수도회 입회는 얼마든지 황제를 거슬러 교황 편을 드는 결단으로 비칠 수 있었고, 프란치스코회와 도미니코회의 새로운 공동체들은 교황의 특별한 친구들이자 도구들로 간주될 수 있었다. 따라서 '설교[자들의]수도회'[3] 형제들이 서둘러 토마스를 황제의 구역에서 빼내고 그의 가족들로부터 갈라놓으려 한 것은 온전히 이해할 수 있는 일이다. 그들은 즉시 그가 파리로 향하는 길로 접어들 수 있도록 조치하였다.

그러나 토마스가 미래의 명성의 자리에 도달하는 것은 순탄한 일이 아니었다. 도중에 그는 형제들에게 붙잡혀 감옥에 갇히게 되었다. 이것이 황제 자신의 동의나 심지어 도움이 없이는 이루어질 수 없는 일이었다는 것을 알려주는 지표들이 많이 있다. 어쨌든 교황 인노첸시오 4세는 이 폭력행위를 거슬러 황제에게 항거하였으나 허사였다. 토마스는 1년이 넘도록 로카세카(Roccasecca)라는

---

3. [*역자주] 도미니코 수도회는 복음 선포를 목적으로 설립된 수도회이기 때문에 '설교[자들의]수도회'(Ordo Praedicatorum)라 불리고 약호는 'O.P.' 또는 'OP'이다. 이에 비해 프란치스코 수도회는 '작은 형제들의 수도회'(Ordo Fratrum Minorum)라 불리고 'O.F.M.' 또는 'OFM'으로 약칭된다.

아버지의 성에 갇혀 지내야 했다. 그리고 마침내 여동생의 도움을 받아 아버지의 성에서 빠져나오는 데 성공하였다.

그는 즉시 중단되었던 파리 여정에 착수하였다. 토마스의 여행 동료인, 당시 수도회 총장이던 요한네스 테우토니쿠스(Johannes Teutonicus)와 나중에 그의 스승이 되는 알베르투스 마뉴스(Albertus Magnus)가 둘 다 독일인이었다는 사실은 주목할 만하다. 요한네스는 뮌스터 인근 교회 구역 출신의 웨스트팔리아인이었다. 같은 해인 1245년 토마스가 프랑스로 움직였을 때, 일반 총회가 리옹에서 열리고 있었는데, 거기에서 황제를 폐위시키고 그의 권한을 박탈하였다. 이 위협적인 소용돌이가 서방 세계에 일대 파란을 일으키려 하고 있던 때에 토마스는 파리에 도착하였다. 이 도시는 너무도 탁월한 신학 탐구의 중심지여서, 중세 시대 전체에 걸쳐서 노트르담 대성당 근처의 이 대학과 연결을 맺지 않고 쓰인 『신학대전』은 없다고 해도 과언이 아니었다. 토마스는 생자크(St. Jacques)의 설교수도회가 긴박한 처지에 놓여 있음을 발견하였다. 그들도 프란치스코회와 마찬가지로, 거리에서 모욕이나 공격을 받지 않고 그냥 넘어가는 날이 드물었다. 프랑스 왕 성 루이는(나중에 그는 자기보다 열 살 젊은 성 토마스의 친구가 된다) 수도회를 공격으로부터 보호하기 위해서 왕궁수비대를 급파할 필요를 느꼈다. 수도회 전체가, 도처에 만연되어 있지만 특히 파리에서 더욱 극렬한 이 악을 빨리 종식시켜주시기를 하느님께 간청하는 특별기도를 바쳤다.

스무 살을 갓 넘은 토마스는 그의 힘, 그의 느릿한 움직임, 특유의 침묵 때문에 동료 학생들로부터 "벙어리 황소"(Bos Mutus)라는 놀림을 받았다. 하지만 이런 상황 때문에 그가 심하게 상처를 입은 것 같지는 않다. 물론 그것들이 평화로운 수도원 다락방이라는 목가적인 그림을 전해주는 것은 아니다.

전혀 다른 종류의 한 사건은 그의 전적인 주의를 끌었음에 틀림없다. 토마스가 도착하던 해에 알베르투스 마뉴스는 파리에서 가르치기 시작하였다. 이 스승과 제자의 만남으로부터 발전된 우정과 그들의 공동작업의 풍성함은 서방의 지성적 면모를 변경시킬 것이었다. 그들이 만난 지 몇 년이 지나 쾰른 대성당의 주춧돌이 놓이던 1248년에 알베르투스와 토마스는 쾰른으로 건너갔다. 알베르투스는 거기서 설교수도회 기숙사[대학]를 설립하라는 명을 받았다. 토마스에게 이 기간은 결실 풍부한 침묵과 지성적 원숙함의 선물을 제공했다. 그의 쾰른 체류 중반선은 그 세기의 중반선과 일치하였고, 토마스에게도 정확히 그의 생의 중반선이었다.

쾰른 시기는, 토마스가 파리로 돌아가 교육의 소임을 준비하도록 소환하는, 수도회 총장 요한네스 테우토니쿠스의 서한으로 끝장이 났다. 그동안 파리대학에서는 재속(在俗) 성직자들과 탁발수도자들 사이의 해묵은 전쟁에서 새로운 불꽃이 폭발하고 있었다. 이제는 교육의 요점들뿐만 아니라 강좌 때문에도 논쟁이 벌어졌다. 그리고 그것은 언제나 영예롭게 수행되는 전쟁이 아니었다. 전투적인 기욤 생타물(Guillaume de Saint-Amour)을 필두로 한 전통 세력의 완고한 옹호자들은 매우 의심스러운 무기들을 사용하였다. 거짓, 비방, 위조, 명예훼손 등은 결코 비상식적인 것들로 취급되지 않았다. 그러나 다른 한편 도미니코회 학자들이 재속 성직자 교수들을 협박하였고, 심지어 대학 학장마저도 자기들의 압박 전략으로 위협했다는 보고도 있었다. 토마스가 되돌아간 곳은 바로 이런 소용돌이의 중심이었다.

프란치스코회의 보나벤투라(Bonaventura)와의 새로운 개인적 친분이 그를 기다리고 있었다. 그리스도교의 이 두 성인 교수 사이의 우정에 대해서 옛 보고들이 거의 언급을 하지 않는다는 것은 사실이다. 그러나 이 두 위대한 학자들이, 그들의 추종자들의 반목을 뛰어넘어 우정으로 연결되어 있다는 생각에는 부정할 수 없는 진리가 있다. 같은 해에 각기 자신의 수도회에 들어간 토마스와 보나벤투라는 당시에 동일한 난관에 봉착하고 있었다. 두 사람은 탁발수도자들로서, 대학에서 독립적인 교육 강좌를 시작할 수 있는 허락을 거절당했다. 명시적인 교황의 명령이 있은 후에야 마침내 같은 날 두 사람에게 허락이 승인되었다.

우선 토마스에게는 그 허락만으로는 충분하지 못한 것처럼 보였다. 왜냐하면 대학이 그의 취임 강연회를 거부하였기 때문이다. 그리고 나중에 그의 강독들 가운데 하나에서, 철학부의 한 공식 구성원과 (그 사이에 추방된) 기욤 생타무르의 한 추종자가 일어나 탁발수도자들을 풍자하는 시를 큰 소리로 암송하였다. 하지만 이런 사건들이 토마스가 파리대학에서 가장 사랑받는 유명 교수가 되는 것을 막지는 못했다.

그의 첫 번째 교육 소임기의 이 폭풍 같은 초기 몇 년 동안 토마스는 그의 첫 작품인 『존재자와 본질』(De ente et essentia)을 편찬하였는데, 이것은 날카로운 명료성으로 [형이상학의 기본 개념들에 대한] 파노라마식 개관을 보여주는 작품이다. 그가 그 와중에 작업해야 했던, 다툼과 시기에서 비롯된 시끄럽고 우아하지 못한 대소동조차 단 한 문장도 흐리게 만들 수 없었다. 성 토마스에 대한, 성인과 거의 동년배에 의해 쓰인 가장 이른 전기는 베네벤토 수도원 원장인 톨로메오 루카(Tolomeo da Lucca)에 의한 것인데, 그것은 토마스의 엄청난 집중력을 반복적으로 강조하고 있다. 『대이교도대전』(Summa contra Gentiles)을 집필하는 동안 그의 감각들은 자주 마비된 것 같았다. 한번은 밤에 구술(口述)을 하던 중 자신이 손에 쥐고 있던 촛불이 흘러넘쳐 내려와 손가락을 그을리는 것을 자각하지 못한 적도 있었다.

그 제목에서 받는 인상과는 달리 결코 논쟁적인 작품이 아닌 『대이교도대전』은 이탈리아에서 집필되었다. 파리대학에서 꼬박 3년간 신학 교수로서 가르친 뒤에 토마스는 당시에는 종종 비테르보나 오르비에토에 자리 잡곤 했던 교황 궁정으로 소환되었다. 그때 이후로 죽기까지 토마스는 더 이상 2~3년간을 같은 장소나 같은 소임에 머물지 못했다. 그는 3년 동안 우르바노 4세의 궁정에서 가르쳤다. 그 뒤에는 로마로 가서 2년 동안 수도회 기숙사[대학]를 설립할 소임을 맡았다. 이때 그는 자신의 방대한 주저인 『신학대전』의 개요를 구상하고, 그 제1부를 작업하기 시작하였다. 이 작품에 7년간 혼신의 힘을 쏟지만, 끝내 온전히 다 마치지는 못했다. 로마에서 2년을 체류한 다음에 새로운 교황 클레멘스 4세가 그를 다시 한 번 더 비테르보의 교황 궁정으로 불렀다. 이 탁발수도자를 나폴리의 대주교로 지명하려고 했던 시도는, 교회법적으로는 지명되는 순간부터 이미 유효함에도 불구하고, 그 자신이 극구 고사하는 바람에 무산되었다.[4] 비테르보에서 토마스는 또다시 겨우 2년 동안만 머물렀다. 그것은 호엔슈타우펜의 마지막 황제인 콘라딘(Konradin)의 비극적인 종말이 일어난 시기였다. 그때 토마스는 『군주통치론』(*De regimine principum*)을 집필하였는데, 거기에는 다른 무엇보다도 왕들의 보상(praemium)을 다루는 멋진 장[제8장]이 포함되어 있다.

---

4. 어떤 이들은 탁발수도회의 첫 세대 가운데 관행이었다고 간주할 수도 있을 성 토마스의 이 거절은 결코 관행이 아니었고, 오히려 전적으로 개인적 결단에 달려 있었다. 우리는 알베르투스가 1250년에 레겐스부르크의 주교가 되었음을 알고 있다. 그리고 파리에서 토마스와 함께 가르쳤던 그의 동료 형제들 가운데 하나인 피에르 타렝테즈(Pierre Tarentaise)는 추기경이 되었다가, 나중에 교황(인노첸시오 5세)이 되었다.

1263년에 토마스가 수도회 관리를 위해 두 번째로 파리로 소환된 것은 13세기의 관행 전체에도 어긋나는 일이었다. 그렇지만 지성적 역량을 갖춘 사람, 그리고 어쩌면 흔들릴 수 없는 평온함을 지닌 사람을 대학은 절실히 필요로 하고 있었다. 토마스는 세 번째로 파리를 향해 떠났다. 여기서 한 탁발수도자로서 토마스가 (긴 생애 동안 거의 유럽 전체를 걷고 또 걸었던, 그래서 '장화'(長靴)라는 별명을 얻은) 그의 스승 알베르투스와 마찬가지 방식으로 이 모든 여정을 (물을 건너기 위해 배를 탔던 때를 제외하고는) 도보로 했다는 사실이 지적될 수 있을 것이다.

돌아온 교수를 기다린 것은 한 가지가 아니라 세 가지나 되는 대립적인 파벌 싸움이었다. 탁발수도자들을 거슬러 벌이던 전투는 그치고, [논쟁은] 강좌 문제에 집중되었다. 그 대신에 이제 공격은 수도회의 신학적이고 종교적인 원리들로 향했다. 핵심 주제어 '아리스토텔레스'에 의해서 촉발된 두 가지 추가적 파벌은 이른바 '아우구스티누스주의'(Augustinism)와 '라틴 아베로에스주의'(Latin Averroism)였다. 우리는 이 두 가지 대립적인 이론들과 그들이 촉발한 갈등들을 다룰 기회가 있을 것이다.

토마스는, 그 당당한 평온(Imposing calm)이 그것들을 둘러싼 잡음과 소요와 비례해서 자라나는 사람들의 부류에 속했던 것으로 보인다. "우리는 그가 평정을 잃어버리는 것을 결코 본 적이 없다." 그와 같은 수도원에서 오래도록 함께 살았던 한 동료 수도자의 증언이다. 모든 사건들에도 불구하고 파리에서의 이 시기(한 번 더 말하지만 그것은 기껏 3년간의 기간일 뿐이다)의 엄청난 생산성은 우리 이해의 한계를 넘어간다. 이 짧고 전투로 얼룩진 시기에 토마스는 여러 논쟁적 소논문들을 작성하는 것에 덧붙여서 아리스토텔레스의 거의 모든 주요 작품들에 대하여, 그리고 사도 바오로의 모든 서간에 대해서뿐만 아니라 요한복음서에 대해서도 두툼한 주해서들을 집필하였다. 그는 덕에 관한 위대한 『토론문제집』(*Quaestiones Disputatae*)을 집필하였고, 신학 전체에 대한 짧은 요약으로서 『신학 요강』(*Compendium Theologiae*)을 집필하였다. 마지막으로, 그는 『신학대전』의 수많은 논고들을 집필하였다. 이 작품들 안에서 토마스는 지성적 투쟁으로부터 물러서지 않았다. 오히려 거론된 작품들은 대부분 그 투쟁에 대한 기여들이다. 1272년에 그의 장상들이 파리에 있던 그를 (명백히 어떤 갑작스런 결단에 입각해서) 불렀을 때, 그들의 주요 관심사는 저 투쟁의 열기를 누그러뜨리는 것이었다. 어쨌든 교육 강좌에서 그를 계승한 이는 좀 더 강하게 아우구스티누스주의로, 곧 전통적 방향으로 기울었다. 한편 파리에서 성 토마스의 학생들 가운데 피렌체 출신 도미니코회원인 레미지오 데 지롤라미(Remigio de' Girolami)가 있었는데, 그가 나중에 동향 시민인 단테(Dante Alighieri)의 스승이 된다는 사실은 주목할 만하다.

  토마스는 다시 한 번 더 수도회의 학원(Studium)을 설립하라는 사명을 받았다. 이번에는 그가 처음으로 결단을 내렸던 장소인 나폴리였다. 그런데 이듬해에 교황은 그를 리옹에서 열리는 새로운 일반 공의회에 소집했다. 1273~74년 겨울의 끄트머리쯤에 토마스는, 목적지에 도달하지 못할 여정에 나섰다. 도중에 그는 치명적인 중병[또는 사고?]에 걸려, 포사노바(Fossanova)의 시토회 수도원으로 피신할 수밖에 없었고, 짧은 기간 뒤에 선종(善終)하였다[3월 7일]. 채 50세도 채우지 못한 나이였다. 같은 해 몇 달 뒤에는 보나벤투라도, 그 두 사람이 함께 초대받았던 바로 그 공의회 참석 중에 선종하였다.

  시성(諡聖) 절차가 진행되던 때에 포사노바의 원장은 서약을 하고 나서 자신의 공동체가 성 토마스의 장례식 때 '죽은 이들을 위한 미사'를 거행한 것이 아니라, 거룩한 증거자를 위한 '의로운 이의 입'(Os justi) 미사[5]를 봉헌하였다고 증언하였다. 그 입당송은 이렇게 시작된다: "의로운 이의 입은 지혜를 명상할 것이고, 그의 혀는 심판을 말할 것이다. 그의 하느님의 법이 그의 마음속에 있으니."

1.2. 인품

성 토마스의 업적은 13세기 전체를 통틀어 가장 비인칭적이라고들 말해왔다. 그의 30권짜리 『전집』(Opera Omnia)에서는 직접적으로 사적 정보를 알려주는 단 한 가지 흔적도 발견하기 어렵다. 하지만 우리는 [역설적으로] 바로 이 부재(不在)야말로 그의 인품을 비추어주는 거울로 간주할 수도 있을 것이다. 성 토마스의 유일한 편지가 우리에게 전해지고 있다는 것은 상당히 의미가 깊지만, 그것조차도 순전히 우연이다. 그는 그 편지를 죽기 직전에 몬테카시노의 대수도원장에게 썼다. 그렇지만 이 유일한 편지는 욥기에 대한 그레고리우스의 주해서에 들어 있는 까다로운 본문 해석 문제를 다루고 있어서, (괴테의 표현을 빌리자면) "살아 있는 실존의 직접성(das Unmittelbare)을 간직"하고 있다가 그것을 우리에게 드러내기에는, 전문가의 견해에 대한 표현들이 지나치게 많다.

그렇지만 토마스를 개인적으로 알고 있는 사람들은 그와의 직접적인 만남에서 성인의 특질들을 느꼈음에 틀림이 없다. 그는 특유의 인상을 주었을 것이다: 키가 크고, 곧은 자세를 유지했으며,

---

5. [* 역자주] '교회 박사 공통미사'의 입당송이 '의로운 이의 입은'으로 시작된다.

강하면서도 동시에 감각적이었다. 그의 이마는 힘 있는 지도자의 것이었고, 그의 피부는 잘 익은 밀처럼 윤기가 돌았으며, 그의 얼굴은 결코 꺼지지 않는 광채로 빛났다. 이 수사의 특별한 성덕(聖德)은 의심할 수가 없었다. 으레 머리를 곧추세운 채 수도원 뜰을 활보하며 홀로 명상에 잠겨 있는 모습이 자주 목격되었다. 시성 과정에서 평소 토마스와 친분이 오래고 두터웠던 증인들은 통상적인 범위를 벗어나는 금욕이나 극기 훈련에 관해 보고할 만한 것이 없었다. 하지만 그들은 토마스가 평화를 사랑하였고, 자기 자신을 다그치지 않았으며, 겸손하였고, 자신의 동료들을 향해서는 언제나 선의로 가득 차 있었다고 전했다. 그는 가난을 사랑하였고, 그의 마음은 온전히 신적인 것들로 향하고 있었다.

서른 명이 넘는 증인들이 한결같이, 그리고 일부는 가장 먼저 언급한 특성이 있는데, 그것은 '정결'(castitas)이다. 성 토마스는 순수성과, (그와 만나는 사람이면 누구나 어떤 신선하고 시원한 미풍과 같은 것을 느끼게 되는) 그런 인품의 방향(芳香)을 지니고 있는 사람이다.

토마스가 산조반니(San Giovanni) 성채(城砦)에 홀로 갇혀 있을 때 그의 형들은 탁발수도회 수사가 되려는 동생의 결단을 돌려놓으려고 온갖 수단을 다 동원하였다. (그를 감금한 두 형 가운데 하나인 레지날도는 특별히 자국어로 사랑의 시를 쓰는 것으로 알려진, 당대에는 제법 이름 있는 시인이었다. 한 스웨덴 학자가 제1차 세계대전 중에 이 시들을 묶어 출간하였다.)[6] 어느 날 형제들은 토마스의 방으로 행실이 나쁜 여인을 들여보냈다. 우리는 다만 그가 그녀를 거칠게 내쫓았

---

6. O. Tallgren, *Les poesies de Reginaldo d'Aquino*(Memoires de la Societe Neophilologique de Helsinfors, vol.VI, 1917), pp.174-303.

다는 것만 알고 있을 뿐이다. 그렇지만 스무 살짜리 젊은이는 그 짧은 순간에 무서운 내적 투쟁을 겪었던 것으로 보인다. 굴리엘모 토코(Guglielmo Tocco)는 이렇게 말한다: 토마스는 즉각적으로 자기 방의 문턱에 주저앉은 채 탈진하여 깊은 잠에 빠져들었다가, 크게 외치는 소리와 함께 깨어났다. 그 외침은 대단히 고통스러운 작업에서 기인한 것이었다. 한 천사가 미래의 그 어떤 불결한 유혹에 대해서도 끄떡없도록 만들기 위해 그의 허리를 띠로 단단히 묶고 있었던 것이다. 그의 생애 말년 즈음에 토마스는 이 모든 것을 자신의 친구이자 비서인 레지날도 피페르노(Reginaldo Pipperno)에게 말해주었다.

오늘날 우리는 한 사람이 진실에 이르는 데 필요한 것의 전부는 자신의 뇌를 다소 왕성하게 쓰는 것이라고 생각하기 때문에, 그리고 지식에 대한 '금욕주의적' 접근을 거의 의미 없는 것으로 여기기 때문에, 진실을 아는 것과 순결성의 조건을 묶는 밀접한 유대에 대한 감각을 상실하였다. 토마스는 부정(不貞)의 맏딸이 '영의 맹목'(caecitas spiritus)이라고 말한다.[7] 오직 자기 자신을 위해서는 아무것도 원하지 않는 사람만이, 다시 말해 사적인 "이익을 좇지" 않는 사람만이 진리를 알 수 있다. 불순하고 이기심으로 타락한 '쾌락의 의지'는 영의 단호함과 '실재의 언어'에 대해 침묵의 주의를 기울일 정신의 능력을 둘 다 파괴한다.

이 언어를 지각하는 것, 다시 말해 실재의 진리를 파악하는 것, 이것이 바로 성 토마스의 진정한 열정이다. 이 근본적 성격 특성은 우리로 하여금 그의 놀라운 용기와 그에 못지않게 놀라운 겸손을

---

7. 나는 나의 책 『용기와 절제』에서 이 관계를 좀 더 철저하게 논했다. *Fortitude and Temperance*, New York, Pantheon Books, 1955, pp.62ff.

이해할 수 있게 해준다. 토마스가 전통적인 철학적-신학적 추세를 거슬러 이교도인 아리스토텔레스의 편을 들었을 때(이것은 대단한 용기를 필요로 하는 결단이다), 그는 이것을 전통적 가르침에 반대하려는 정신이나 어떤 광신적인 쇄신 추구에서 한 것이 아니라, 그의 용맹한 진리 접근이 아리스토텔레스의 작품 안에 실재의 목소리가 담겨 있음을 인정하였기 때문이다. 이 동일한 용맹함이 그로 하여금 자신의 『욥기 주해』에서 욥이 주 하느님과 나누는 용감한 대화가 경외심을 침해하지 않았는지를 묻게 만들었다. 이에 대해 그는 거의 엉뚱한 대답을 내놓았다: 진리는 그것을 마주하고 있는 사람의 처지에 따라 변하는 것이 아니고, 진실하게 말하는 사람은 그의 적이 누구이든지 간에 패배하지 않는다는 것이다.[8]

  이 용기의 또 다른 면을 그의 마지막 파리 체류기에 속하는 한 사건이 잘 보여준다. 그 시기는 온 유럽의 눈이 온통 그에게 쏠려 있던 시기였다. 그의 가르침의 일부 논쟁적 요점들에 대한 공개적이고 형식적인 토론의 기회에 토마스는 자신의 논거들을 평온하게 제시하고 나서, 그것들을 주저없이 파리의 주교와 대학 당국의 결정에 내맡겼다. (여러 해가 지난 뒤에 불같은 프란치스코 회원인 요한네스 페캄[Johannes Peckam]이 캔터베리의 대주교가 되었는데, 그는 당시 한 토론에서 토마스의 논적 역할을 하면서 그 일에 대해 크게 감탄하며 상기하였다.) 만일 당시 교수로서 대단한 명성을 누리고 있던 토마스가 그렇게 겸손할 수 있었다면, 우리는 그 안에서 자기를 내세우지 않는 소박한 자세보다는, 오히려 진리에 직면할 용기, [곧] 어떤 명제 안에서 그 전제들이 보장하는 것 이상도 아니고 그 이하도 아닌, 딱 그만큼만 보려는 용기를 보아야 한다. 배척되지 않을

---

8. *Comm. in Job*, c.13, lect.2.

까 하고 두려워하지도 않고 지나치게 인정받으려 들지도 않는 이 평온한 용기야말로 토마스가 다행히도 모든 자기중심성에서 자유로웠다는 것을 잘 보여준다. 우리는 그가 쓴 한 기도문을 가지고 있는데, 거기에서 그는 하느님께 경솔함에 떨어지지 않고 또 거드름 피우지 않고 성숙할 수 있도록 격려해주시기를 청하고 있다.

우리는 한 지성적 토론회에서 펜싱 경기나 아니면 적어도 승자와 패자가 있는 경연(競演)의 성격을 지니고 있는 어떤 것을 흔히 보게 되었다. 그리고 대체로 그런 토론회는 경연 규칙들에 따라 이루어진다. 토마스는 누군가가 아베로에스(Averroes)나 시제 브라방(Siger de Brabant)에 대한 그의 "승리"에 대해 말하는 것을, 참을 수 없게 거드름 피우는 것으로 생각하였을 것이다. 그에게 지성적 토론이란 오히려 승리를 위한 공동의 노력이었지만, 경쟁자들 가운데 어느 한 사람의 승리가 아니라 진리의 승리를 위한 공동 노력이었다. 그는 잘못된 상대방조차도 공로가 있을 수 있다고 말한다. 왜냐하면 오류도 역시 진리를 조명하는 데 일조하기 때문이다.[9] 따라서 반대되는 입장들을 내세우는 논적들과의 토론에서 토마스가 투쟁적 자세를 엿보이는 경우는 찾아볼 수 없다. 그가 적수에게 도전하는 것은 그의 입장 가운데 가장 커다란 약점이 아니라(이것은 이름값보다 훨씬 더 고상한 토마스에게 너무도 값싼 과정이다), 정확히 그의 가장 강한 논거가 자리 잡고 있는 영역이다. 가끔은 토마스가 이 논거들의 실제적 강점을 처음으로 드러낸 사람이 되기도 한다. 그의 적수들의 반론들이 오히려 그를 통해 설득력을 얻게 되는 일은 비일비재했다. 이리하여 『대이교도대전』 같

---

9. *In Metaph.*, II, lect.1.

은 작품을 연구할 때, 한 용감한 정신이 본질적 문제들을, 우회하려고 시도하지 않고 정면으로 맞닥뜨리는 모습을 보는 것은 참으로 고무적인 경험이다.

'토마스와 진리'라는 주제를 다루면서 '진리의 교사'(Magister Veritatis)로서의 그의 헌신에 관하여 침묵하는 채로 남아 있을 수는 없다. 한 사람을 오류로부터 진리로 인도하는 것을 그는 한 사람이 다른 사람에게 할 수 있는 가장 위대한 봉사로 간주하였다.[10] 그리고 자신의 가르침이 자신의 삶보다 더 오래 지속될 수 있게 해달라는 그의 기도와 희망은 다른 어떤 것보다도 토마스 교수의 특성을 잘 보여주고 있다. 일단 그가 더 이상 가르칠 수 없게 되면 그의 삶 자체도 그로부터 떠나갈 것이다. 교육(educatio)은 토마스에게 한두 가지 방법으로 "탐구의 발견들"을 전해주는 것과는 다르고, 그보다 훨씬 더 위대한 것이다. 그것은 그의 탐구가 따르는 길들과 샛길들(by-ways)은 차치하더라도, 자신의 탐구 결과들에 대한 한 사상가의 보고와는 다르며 또 그보다 더 위대하다. 교육이란 살아 있는 이들 사이에 계속되는 과정이다. 교사는 사물들의 진리뿐만 아니라 동시에 이 진리를 알기를 갈망하는 살아 있는 사람들의 얼굴들도 바라보아야 한다. 진리 사랑과 인간 사랑, 오직 이 두 가지가 교사를 구성하는 유일한 요소이다. 성 토마스의 업적 전체 가운데 어느 작은 부분도 친구들의 요구에 대한 응답으로 쓰이지 않은 것이 없다. 때때로 그것은 어떤 군주의 요청이었고, 종종 그것은 이름 없는 사람의 요청이었다. 한번은 베네치아 출신의 수도회 입회자인 젊은 동료 형제가 질서도 체계도 없이 제멋대로인

---

10. *In de div. nom.*, cap.4, lect.4.

36개 이상의 문제를 그에게 제시한 적이 있었는데, 그것들은 명료하게 정식화된 것도 아니었고, 심지어 4일 안에 대답하라고 요구하고 있었다. 토마스는 더 중요한 작업이 그에게 요구하는 과도한 부담 때문에 정당하게 양해를 구할 수도 있었지만, 그 답변들을 일일이 제공했을 뿐만 아니라, 또한 그 질문들을 좀 더 간결하게 정식화하기도 하였고, 그에 덧붙여 요구한 시한까지도 지켰다.

교육은 다른 무엇보다도 탐색 및 단순화의 역량과, 초심자의 전제로부터 생각할 줄 아는 역량과 노력을 요구한다. 이 진정한 단순화 역량을 성 토마스는 고도로 소유하고 있었고, 자기 학생들의 관점을 [자신의 논의 전개의] 전제로 삼기 위해 온갖 노력을 다 기울였다. 그는 생애의 최선의 에너지와 최선의 부분들을 "탐구" 작업이 아니라 초심자들을 위한 교재에 쏟았다. (하지만 그것은 진리에 대한 매우 깊은 침잠의 결과였다.) 『신학대전』은 "머리말"에서 여러 차례 명시적으로 언급된 것처럼 "초심자 교육을 위하여"(ad eruditionem incipientium) 집필되었다. 이 "머리말"에서 토마스는 지나치게 친숙한 데에서 오는 번잡함, 잘못 자리 잡은 과도한 박식 때문에 초심자들이 경험하는 혼란 등을 언급한다. 동시대인들의 보고에 따르면, 성 토마스의 교육 방법은 정확히 그 신선함과 독창성을 통해서 그의 학생들을 매료시켰다. 그랍만(Martin Grabmann)을 인용하자면, 토마스는 13세기에는 이미 전통이 되어버린 '스콜라학적인'[곧, '번잡한'] 시시콜콜 따지기의 덤불들을 제거한 첫 사람이었다. (사실, 그것은 후기 스콜라학에 의해서 또다시 번창하게 될 것이다.)

얼마나 놀라운 탐색 및 단순화의 역량이 『신학대전』의 3부 구분법 속에서 드러나는지! "제1부에서 우리는 하느님에 대해서, 제2부에서는 영적 피조물의 하느님을 향한 귀환 여정에 대해서, 그리고 제3부에서는 인간인 한에 있어서 우리에게 하느님께 나아가는 길이 되어준 그리스도에 대해서 다룰 것이다."[11] 그리고 생명에 관한 그리스도교적 가르침의 '요약'(summa)을 포괄하고 있는, 가령 다음과 같은 명제에서는 얼마나 강력한 단순화의 힘이 느껴지는 것인지!: "인간이 구원받기 위해서는 세 가지 지식이 필요하다. 그가 믿어야 하는 지식, 그가 그것을 위해 간절히 기도해야 하는 지식, 그리고 그가 반드시 행해야 하는 것에 대한 지식이다. 첫 번째 지식은 우리 신앙의 신경(信經)들을 통해 가르쳐지고, 두 번째 것은 주님의 기도 안에서, 그리고 세 번째 것은 '계명들' 안에서 가르쳐진다."[12]

이 원대한 정신 안에서, 실재를 그 깊이까지 탐색하고 파악하고 조명하기 위한 타고난 선물의 내밀한 결합과, 또 그것에 영감을 받고 설득력 있는 교사로서의 형상을 줄 수 있는 역량은 압도적으로 『대이교도대전』 제4권의 간명하게 정형화된 제11장에서 명백히 드러난다. 심지어 토마스 자신의 작품 안에서조차도 어쩌면 어울리지 않는 이 장에서, 그는 실재(實在) 전체의 질서정연한 구조를 묘사하는 일에 착수한다. 돌[石]로부터 천사와 하느님 자신에게 이르기까지 질서정연한 구조를 참으로 매혹적인 고도의 직관으로 축조한다. 그의 말을 직접 들어보자:

이런 목적을 향한 출발점으로서 우리는 다음 사실을 받아들여야 한다: 본성(本性, natura)들의 다양성에 따라 우리는 사물들 안에서

---

11. *ST*, I, q.2, "Prologus."
12. *De Duob. praec.*

유출(流出, emanatio)의 다양한 방식을 발견하게 된다. 그리고 본성이 더 높으면 높을수록, 그것으로부터 흘러나오는 것은 그 본성에 더욱 내밀하다.

왜냐하면 이 모든 것들 안에서 **무기물**(無機物, inanimata corpora)은 가장 낮은 자리를 차지하기 때문이다. 이것들 안에는 어느 하나가 다른 어떤 것에 대해 가하는 행위에 의해서가 아니라면, 아무런 유출도 있을 수 없다. 왜냐하면 이것이 바로, 외부적 물체가 불에 의해서 변하고 불의 성질과 종류로 변할 때, 불이 불에 의해서 산출되는 방식이기 때문이다.

무기물의 다음 자리는 **식물**(植物, planta)이 차지한다. 그리고 이 유출은 얼마간 내부에 있던 것으로부터 전개된다. 즉 식물의 내적 습기(humor)가 씨앗으로 전환되고 또 땅에 뿌려진 그 씨앗이 초목으로 자라나는 정도로 말이다. 그렇다면 여기서 이미 생명(生命, vita)의 첫 등급을 발견한 셈이다. 왜냐하면 생명체들은 스스로를 활동으로 옮기는 자들이지만, 오직 자기들 외부에 있는 사물들만을 움직일 수 있는 자들은 전적으로 생명을 결(缺)하고 있기 때문이다. 그리고 식물들 안에서는 '그들 내부에 있는 것이 어떤 형상을 향해 움직인다'(id quod in ipsis est, movet ad aliquam formam)는 것이 바로 생명의 표지이다.

식물들의 생명은 그럼에도 불구하고 불완전하다. 그 이유는 비록 식물들 안에서 유출이 내면에 있는 것으로부터 전개된다고 하더라도 그 유출에서 차츰 드러나는 것은 결국 완전히 외부적인 것으로 발견되기 때문이다. 다시 말해, 그 나무들로부터 처음으로 솟아난 습기는 꽃봉오리가 되고, 마침내 그 나무의 껍질과는 구별되지만 아직도 그것에 매달려 있는 과일이 되기 때문이다. 그러나 그 과일이 익었을 때, 그것은 나무로부터 온전히 분리된다. 그것은 땅으로 떨어지고, 그 씨앗 능력은 다른 나무를 낳는다.

이 점을 조심스럽게 고찰한다면, 본래적으로 이 유출이 그 외부에 있는 것으로부터 온다는 것을 알게 될 것이다. 왜냐하면 그 나무의 내면적 습기는 뿌리들을 통하여 (그 나무가 자양분을 얻는) 땅으로부터 흡수한 것이기 때문이다.

초목들의 삶을 넘어 보다 고등한 등급의 생명이 있다. **감각적 영혼**(동물, anima sensitiva)의 생명이다. 그것의 유출은 어떤 외부적 시작을 가질지 모르지만 내부적 종결을 가지고 있고, 그 유출이 더 충분히 전개되면 될수록 그만큼 더 내면적인 것에 이르게 된다. 왜냐하면 외부 감각 성질들은 그 형상을 외부 감각(기관)들에 각인시키기 때문이다. 이 외감들로부터 그것은 상상력과 더 나아가서는 기억 창고로 전개된다. 그럼에도 불구하고 이 유출의 각 단계마다 시작과 끝은 각각 다른 것들을 가리킨다. 어떤 감각 능력도 자기 자신에 대해 성찰하지 못한다. 그렇다면 이 생명 등급은 초목의 생명보다 더 고등하다. 그 작용이 내면에 있는 원리들의 테두리 내에서 발생하는 만큼 고등하다. 그럼에도 불구하고 그것은 전적으로 완전한 생명은 아니다. 왜냐하면 유출은 언제나 어떤 앞선 것으로부터 그 다음 것으로 넘어가는 것이기 때문이다.

그렇다면 **지성**(知性, intellectus) 안에 있는 것이 최고의 완전한 등급의 생명이다. 왜냐하면 지성은 자기 자신에 대해 성찰하고, 자기 자신을 인식할 수 있기 때문이다. 그러나 지성적 삶 속에서조차도 다양한 등급이 존재한다. **인간 지성**(intellectus humanus)은, 비록 그것이 자기 자신을 알 수 있기는 하지만, 그 지식의 첫 시작을 바깥으로부터 취하기 때문이다. 위에서(제2권 제60장) 말한 것으로부터 명백하듯이, 그것은 감각상(感覺像, phantasma)이 없이는 인식할 수 없다. 그러므로 천사(天使, angelus)들 속에는 더욱 완전한 지성적 생명이 자리 잡고 있다.

천사들 안에서 지성은 어떤 외부적인 것으로부터 자기 인식으로 전개하지 않고, 그 자체를 통하여 자기 자신을 안다(제2권 제96장 이하). 그럼에도 불구하고 그것은 그들의 삶이 속하는 최종적 완전성이 아니다. 그 이유는 다음과 같다. 비록 인식되는 지향이 전적으로 그들의 내면에 있다고 하더라도 인식되는 바로 그 지향이 곧 그들의 실체인 것은 아니다. 왜냐하면 이미 위에서 명백히 드러난 것처럼(제2권 제52장) 그들 안에서 인식(이해)은 존재와 동일하지 않기 때문이다.

그러므로 생명의 궁극적 완전성은 **신**(神, Deus)에게 속한다. 그분 안에서는 이미(제1권 제45장) 살펴본 것처럼 인식이 존재와 다르지 않다. 따라서 신 안에서 인식되는 지향은 신적 본질 자체여야 한다.[13]

이 텍스트의 진정한 효과를 맛보기 위해서는 이 유효하게 구성된 구절을 라틴어로 들어야 한다. 성 토마스의 언어는, 우리가 예컨대 아우구스티누스 안에서 발견하는 것과 같은, 어떤 예술품이 지니는 것 같은 아름다움의 특성을 지니고 있지는 못하다. 그것은 오히려, 어떤 완전한 도구가 아름답듯이 아름답다. 그렇지만 성 토마스의 작품들 안에는 그 문장들이 결론(conclusio)을 향하여 그토록 운율 있는 어조로 움직여 가는, 그래서 바흐(Johann Sebastian Bach)의 오르간 둔주곡 '푸가'(Fuga)에서 마지막 운율의 정해진 음폭과의 비교가 가장 적절하리라 생각될 수 있는 수많은 장(章)들이 있다. 만일 인본주의자들의 어떤 피상적인 판단이 선언한 것처

---

13. *ScG*, IV, c.11, nn.3461-3465.

럼, 언어의 비밀이 그리스도교에 「엎드려 흠숭하나이다」(*Adoro Te devote*)라는 찬가를 선사한 사람[성 토마스]에게 막혀 있었어야 한다면, 참으로 이상할 것이다.

1.3. 세계관

우리는 이미 파리대학에서 토마스가 옹호해야 하는 하느님과 세상에 대한 그의 입장에 반대되는 두 가지 이론을 언급한 바 있다. 첫 번째 것은 1차적으로 철학적이지만 신학적이기도 한 전통적이고 지배적인 추세로서, 우리가 흔히 '아우구스티누스주의'라고 부르는 입장이고, 두 번째 것은 '라틴 아베로에스주의'라고 부르는 입장이다. 이 두 대립되는 이론들의 관점으로부터 우리는 어쩌면 성 토마스 가르침 특유의 성격을 명료화할 최상의 기회를 가질 수 있을지 모른다.

토마스 아퀴나스와 중세 아우구스티누스주의 사이의 투쟁에서 가장 치열하게 공방을 벌인 쟁점 두 가지는 다음과 같다. 토마스가 '실체적 형상의 단일성'(unitas formae substantialis)을 가르친 데 반해, 아우구스티누스주의는 인간 안에 다수의 형상적 원리들이 있다는 것을 수용한다. 토마스는 영적인 인식과 하느님에 대한 인식까지 포함한 '우리의 모든 인식이 감각 지각으로부터 출발'하고, 따라서 언제나 얼마간 그것에 의존하는 채로 남아 있다[14]고 주

---

14. "우리의 자연적 인식은 감각에서 시작된다. 이리하여 우리의 자연적 인식은 그것이 감각성질들에 의해서 인도될 수 있는 한에서 확장될 수 있다."(naturalis nostra cognitio a sensu principium sumit: unde tantum se nostra naturalis cognitio extendere potest, inquantum manuduci potest per sensibilia: *ST*, I, q.12, a.12) "비록 우리는 계시를 통해 (그렇지 않았더라면 알지 못했을) 사물들을 인식할 수 있게 되지만, 우리는 그것들을 감각들을 통하는 것 이외의 다른 어떤 방식을 통해서도 알지 못한다."(Unde quamvis per revelationem elevemur ad aliquid cognoscendum, quod

장하였는데, 아우구스티누스주의는 영적 인식이 감각 지각으로부터 독립적이라고 주장하였다. 언뜻 보기에 이것은 '학파들' 사이의 한 작은 투쟁처럼 나타난다. 그러나 토마스에게 그것은 가시적(可視的) 실재로서의 창조를 그 어떤 환원, 평가절하, 또는 순수한 무화(無化)로부터 구해내는 것 못지않은 것을 포함하고 있었다.[15]

성 토마스의 이 두 명제의 의미는 무엇인가? 그것들은 인간 안에 '참다운' 인간인 한 부분(영혼)과, 영혼의 도구이거나 심지어 영혼의 감옥인 어떤 분리된 실재(육체)가 있는 것이 아니라는 것을 의미한다. 오히려 육체와 영혼은 하나의 직접적인 실존 단위이다. 더 나아가 '진정한' 인간은 영혼만이 아니라, 정확히 육체와 영혼으로 합성된 실존적 단일성이다. 육체는 인간의 본질에 속한다.[16] 두 번째 명제는 우리 인식의 최종적 담지자가 영적 영혼이 아니라, 육체와 영혼으로 합성되어 있는 '인간'이라는 것을 의미한다. 그러므로 우리의 인식은 언제나 우리 자신의 존재의 한 모상(image)이다. 인식은 우리의 존재 자체와 마찬가지로 영적인 원리들과 육체적(감각적) 원리들의 해소될 수 없는 협동작업인 것이다.

이 명제들은 그것들이 직접적으로 표현할 수 있는 것보다 훨씬 많은 것을 의미한다. 그것들 안에서는, 이미 지적한 것처럼, 성 토마스의 그토록 특징적인 자연적 창조 실재에 대한 저 긍정(모든 창

---

alias esset nobis ignotum, non tamen ad hoc quod alio modo cognoscamus nisi per sensibilia: *In De Trin.*, q.6, a.3)

15. [*역자주] 아우구스티누스와 토마스 사이의 이런 근본적 노선 차이를 보기 위해서는: F. 방 스텐베르겐, 『토마스 아퀴나스와 급진적 아리스토텔레스주의』, 이재룡 옮김, 성바오로출판사, 2000, 41-88쪽; 제임스 와이스헤이플, 『토마스 아퀴나스 수사』, 이재룡 옮김, 2쇄, 2012, 437-446쪽; G. K. 체스터튼, 『성 토마스 아퀴나스』, 박갑성 옮김, 홍성출판사, 1984, 65-97쪽; 매튜 폭스, 『창조영성 길라잡이: 원복』, 황종렬 옮김, 분도출판사, 2008, 42-85쪽 참조.
16. "인간이 단지 영혼이기만 한 것이 아니라 육체와 영혼으로 합성된 어떤 것이라는 사실은 명백하다."(*ST*, I, q.75, a.4)

조된 것들은 하느님으로부터 창조되었기 때문에 모두 선하다)이 반영된다. 같은 이유로 그것들은 그 고유의 어떤 실재와 효력을 지니고 있는데, 이것은 인간 안에 이런저런 방식으로 "영적인" 또는 "종교적인" 요소를 절대적인 것으로 만듦으로써 무시되거나 말소되지 않을 것이다. 더욱이 인간 안에 있는 창조의 실재, 그의 이성의 자연적 빛, 그의 오감(五感), 그의 존재의 모든 능력들은 '그리스도인으로서'의 인간의 구성 안에 그 자리와 역할을 가지고 있다. (다른 한편, 혹자는 아우구스티누스에 대해서 얼마든지, 이 위대한 성인이자 신학자에게 마땅한 존경심을 훼손함이 없이, 그리스도교적 가르침의 역사가 보여주듯이, 아주 쉽사리 그의 업적이 가시적인 창조 질서의 현실성을 깎아내리고 평가절하한다는 의미로 이해되거나 오도될 위험에 떨어질 수 있다고 말할 수 있을 것이다.) 물론 토마스도 원죄를 통해서 창조 질서가 입은 상처를 잘 알고 있다. 실상 그는 심지어 인간이 창조된 사물들의 참다운 존재를 보다 깊이 인정하면 할수록 이 인식은, 모든 창조된 실재로부터 구원에 대한 어떤 위협이 발생할 수 있기 때문에, 그에게 더욱 슬픔의 원천이 된다고 말하기까지 한다.[17] 그러나 토마스는 또한 새로운 질서를 확립한 동일한 그리스도가 동시에 최초의 창조의 영원한 원형이라는 사실을 알고 있다.[18]

『요한복음서 주해』[19]에서 성 토마스는, 우리가 성경에서 "세상"(mundus)이라는 용어의 세 가지 서로 다른 의미를 발견할 수 있다고 말한다. 첫째는 하느님의 창조로서의 세상이고, 둘째는 그리

---

17. *ST*, II-II, q.9, a.4.
18. "모든 피조물은 신적 말씀의 개념 안에 포함된 유형들의 표현과 재산출에 지나지 않는다. 그리고 이 때문에 만물이 말씀을 통해 이루어졌다(요한 1,3)고 말해지는 것이다. 그러므로 말씀이 어떤 피조물, 곧 인간 본성과 결합되는 것이 적절하였다."(*ScG*, IV, c.42, n.3823)
19. *In Johan.*, c.1, lect.5.

스도 안에서 완성된 창조로서의 세상이며, 셋째는 창조 질서의 물질적 타락으로서의 세상이다. 마지막에 지적한 '세상'에, 오직 이 세상에만, "세상은 사악함 속에 자리 잡고 있다"(1요한 5,19)는 사도 요한의 말이 적용될 수 있을 것이다. '세상'의 첫 번째 의미(창조)가 세 번째 의미(창조 질서의 물질적 타락으로서의 세상)와 동일시되거나 서로 호환되지 않는다는 것이 바로 성 토마스의 주장이다. 창조로서의 세상은 사악함의 자리가 아니다.

단 하나의 공통분모가 이 모든 명제들 밑에 깔려 있다. 창조 질서를 그 모든 영역에서 긍정하고 받아들이는 것은 아주 특별히 그리스도인들에게 적합한 응답이다. 이것이 인간 안에 있는 실체적 형상의 단일성이라는 그의 명제를 이해하는 열쇠이다. 이것은 또한 초자연적 신앙과 신학에 비추어본 자연적 이성과 철학의 참된 위치에 관한 성 토마스 가르침의 토대이다. 창조 전체에 대한 그의 긍정의 관점으로부터 혹자는 『신학대전』에서 그가 목욕과 잠을 영혼의 우울감에 대한 치료제로 추천하고 있는 경우를 이해할 수 있을지 모른다.[20]

성 토마스에 관한 길버트 체스터튼(Gilbert K. Chesterton)의 책에서 가장 통찰력 있는 언급 가운데 하나는 다음과 같다: 만일 가르멜 수도회 전통에서처럼 "십자가의" 성 요한이나 "아기 예수의" 성녀 데레사와 같은 적절한 호칭을 토마스에게 적용한다면 가장 적절한 것은 "창조주의 토마스"(Thomas a Creatore)가 될 것이다.

단지 참으로, 성 토마스의 의도가 언제나 창조주 하느님과 그분의 창조를 향하고 있다는 것을 인정할 때에만, 우리는 그의 '아우

---

20. I-II, q.38, a.5.

구스티누스주의'를 평가할 자격을 갖추게 된다. 성 토마스에게 있어 아리스토텔레스는 (그가 그를 따르는 만큼) 자연적 창조 실재의 맑은 거울 그 이상도 그 이하도 아니며, 자연적 우주의 '질서'가 그 안에 새겨져 있는 한 위대하고 풍요로운 정신이다.[21] 토마스는 아리스토텔레스의 작품을, 한 학파가('토마스' 학파도 예외가 아니다) 그 창립자의 작품을 대하는 통상적인 태도보다 더 자유롭고 독립적인 자세로 대했다.

성 토마스의 가르침에서 그리스도교 교리의 '헬레니즘화'를 말하는 것 역시 정확한 것이 아니다. 16세기 종교개혁자들이 그리스도교 신학으로부터 추정된 헬레니즘화한 스콜라학적 요소를 "정화"하려고 시도하였을 때, 그들이 그리스도인들의 의식으로부터 창조의 실재 자체를 제거할 위험을 무릅쓰고 있다는 사실이 곧 명백해졌다. (그리고 그 점은 예컨대 칼 바르트[Karl Barth]의 엄밀하게 '개혁적인' 신학 안에서 오늘날까지도 명백하다.) (마르틴 루터[Martin Luther]가 비텐베르크의 시장 한복판에서 교황의 칙서와 함께 『신학대전』도 불태웠다는 것은 비역사적인 전설이다. 그렇지만 그 사건의 진정한 이야기가 좀 더 요점을 담고 있다. 저 '소각'(auto-da-fe)에 대해 최근에 발견된 보고는 교황의 문서와 함께 『신학대전』을 불태우려는 의도는 있었지만, 그 복사본을 기꺼이 내놓을 사람을 찾을 수 없었다고 증언하고 있다!)

성 토마스의 신학에서 창조의 실재에 대한 긍정은, 진정한 그리스도교 가르침의 세속화거나 그것을 의미하는 것이기는커녕 그리스도교적 직관의 바로 심층부로부터, 다시 말해 하느님의 육화(肉化)의 실재에 대한 존중으로부터 솟아오른다. 성 토마스에 따르면, 복음사가 요한은 육체가 악이라는 마니교도들의 원리를 배제하기

---

21. *De veritate*, q.2, a.2.

위해서 신중하게 '말씀'이 '살'이 되었다고 말했다.[22]

이 모든 종교적이고 신학적인 뿌리가 세상을 향한 성 토마스의 개방을, 그의 두 번째 좀 더 위험한 논적인 라틴 아베로에스주의의 참으로 세속화하는 개념들로부터 차이 나게 만든다. (아베로에스[Averroes, 1126-1198]는 아리스토텔레스에 대한 위대한 아랍 주해자들 가운데 하나이다.) 우리가 여기서 가르침의 세세한 요점들(만민 공통의 지성 단일성, 세상 영원성, 자유재량의 부정 등)에 관심을 기울일 여유는 없다.[23] 결정적인 점은 아베로에스주의가 근본적으로 신앙과 이성, 철학과 신학 사이의 연결을 끊었다는 사실이다.[24] 그것은 신앙과 신학으로부터 철학적 사고의 완전한 독립을 주장하였다. 더욱이 그것이 그 안에서 참되고 궁극적인 지혜, 곧 세상과 인생의 의미를 추적하는 인간의 정신을 만족시켜줄 대답을 발견하리라 기대하는 한에서, 그것은 이 분리된 철학적 사고를 지나치게 과대평가하였다.[25] 이에 대해 성 토마스는, 그리스도인은 그리스도 바깥에서 지혜를 찾아서도 안 되고, 또 발견하지도 못한다고 말한다.[26] 단 하나의 유일한 은총이 그 실존적 가치에 있어서 자연

---

22. *In Johan.*, c.1, lect.7.
23. [*역자주] 라틴 아베로에스주의자들과의 논쟁을 간결하게 정리한 다음 서적을 참조하라: F. 방 스텐베르겐, 『토마스 아퀴나스와 급진적 아리스토텔레스주의』, 이재룡 옮김, 성바오로출판사, 2000.
24. [*역자주] 신앙과 이성 사이의 이런 단절이 근대와 현대로 이어져오면서 인류의 정신적 삶에 얼마나 큰 폐해를 끼치고 있는지를 밝히고 있는 교도권의 문헌을 보기 위해서는: 요한 바오로 2세, 『신앙과 이성』(*Fides et Ratio*, 1998, 이재룡 옮김, 한국천주교중앙협의회, 1999)과, 거기에 "부록"으로 실려 있는 레오 13세의 회칙 『영원하신 아버지』(*Aeterni Patris*, 1879) 참조.
25. 1277년 파리의 주교에 의해서 단죄된 아베로에스주의의 오류들 가운데에는 다음 명제도 포함되어 있다: "철학을 위해 여유를 가지는(vacare) 것보다 더 고상한 생활 방식은 없다." 그것은 토마스가 『대이교도대전』에서 다음과 같이 쓴 데 대한 직접적 응수인 것으로 보인다: "인생의 최고의 완성은 인간의 정신이 하느님께 사로잡히는 것(vacatio)이다."(III, c.130, n.3025)
26. *In Ep. ad Col.* c.2, lect.1.

적 우주 전체를 능가한다.²⁷

우리는 사고의 이 결정적인 세속화에 의해서 라틴 아베로에스주의가 근본적으로 르네상스와, 따라서 근대철학 및 과학 일반의 선구자라는 것을 감지한다.

이 가족적 유사성은 그 특성이 잘 알려지지 않은 또 다른 유사성으로 확장된다. 라틴 아베로에스주의에서는 철학 해석에 있어서 순수하게 역사적인 접근법이 처음으로 나타난다. 곧 철학의 진정한 대상이 그 자신의 역사라는 견해이다. 파리대학 아베로에스주의자들의 지도자인 시제 브라방에게 철학 연구는 그것이 참인지 아니면 거짓인지와는 상관없이 역사적인 철학 체계들에 대한 탐험을 의미한다.²⁸ 여기서 그 참된 주제인 실재를 논하는 대신에 전혀 다른 것, 곧 철학들을 논하는 근대적 유형의 철학자가 처음으로 나타난다. 교회의 '보편적 스승'[예수] 자신을 한 단순한 '역사적' 현상으로 취급하려는 시도를 처음부터 근절하기 위해서는, 토마스가 시제 브라방에게 준 위엄 있고 고무적인 반박이 토마스에 대한 모든 번역과 해석의 머리말이 되어야 한다: "철학 연구는 다른 이들이 무엇을 생각했는지를 배우는 것이 아니라 실재의 진리가 무엇인지를 배우는 것을 의미한다."²⁹

이 일의적(一義的)이지 않은 대립에도 불구하고, 그리고 토마스와 아베로에스주의 사이의 엄청난 차이에도 불구하고, 그의 세속화된 논적과 혼동되는 것이 분명 토마스의 운명이다. 예컨대 성 토

---

27. I-II, q.113, a.9, ad2.
28. Siger de Brabantia, *Quaestiones de anima intellectiva*, 7.
29. "studium philosophiae non est ad hoc quod sciatur quid homines senserint, sed qualiter se habeat veritas rerum."(*In de cael. et mund.*, I, c.22)

마스가 죽은 지 3년 뒤에, 그의 작품들로부터 잘못 해석된 여러 명제들이 파리의 주교에 의해서 단죄되었고, 아베로에스주의의 오류들과 동일한 목록에 포함되었다.

그 이후에 토마스는 교회에 의해서 시성되었을 뿐만 아니라 그랍만이 말하는 것처럼, 또한 신학자이자 교수로서 시성된 첫 사람이기도 하다. 더욱이 토마스는 장엄하게 '교회의 박사'(Doctor Ecclesiae)로, '교회의 보편 박사'로 선포되었다. 비오 11세는 그에 대해서 교회가 다양한 방법으로 그의 가르침을 교회 자신의 가르침으로 삼았다는 것을 증언하고 있다고 말한다.[30] 그러나 그의 가르침이 잠재적으로 이교적인 세속성에 물들었다는 검열은, 기욤 생타물이 알베르투스와 그의 위대한 제자에 대해 "그들은 신적 지혜를 스스로 뽐내지만, 사실은 세속 지혜에 더 친숙하다."라고 쓴 이래로 지속되고 있다. 그에게 토마스는 이렇게 응수한다: "그가 하느님에 대해 올바른 생각을 품고 있는 한, 누구든 피조물에 대해 어떤 생각을 가지고 있는지는 신앙의 진리와는 아무 관계가 없다고 말하는 저들의 견해는 … 명백히 거짓이다."[31]

이 검열은 다음과 같은 형식을 취할 수도 있다. 성 토마스가 자연적 이성(ratio naturalis)에 두는 신뢰는 그리스도교적 규범을 넘어간다: 그의 철학과 신학은 지나치게 이성적이고, 참으로 지나치게

---

30. Pius XI, *Studiorum Ducem*(1923): "교회법의 가르침은 모두에게 신성시되어야 한다: '교수들은 자신들의 철학적이고 신학적인 연구들과 이 주제들에 대한 교육을 천사적 박사의 방법, 가르침, 그리고 기본 원리들에 따라 형성해야 한다. 그리고 그것들을 거룩하게 대해야 한다.'(philosophiae rationalis ac theologiae studia et alumnorum in his disciplinis institutionem professores omnino pertractent ad Angelici Doctoris rationem, doctrinam et principia, eaque sancte teneant) 각자는 이 법을 성 토마스를 자신의 스승이라고 부를 수 있는 방식으로 준수해야 한다."(n.99)
31. *ScG*, II, c.3, n.869.

합리주의적이다.³² 그들은 모든 문제들에 대해 모든 것을 포괄하는 손쉬운 '해결책'들을 제공하려는 경향이 있고, 그의 삼단논법들의 거친 햇빛이 우리의 정신으로부터 우리 신앙의 어둠 속 반짝임을 앗아가며, 초자연적 진리 안에 있는 신비적 요소가 거의 전부 억압되고 추정적으로 증명 가능한 합리성이 선호된다.

"성 토마스의 가르침에 따른" '신-스콜라학적' 또는 '토미스트적' 개진들의 상당 부분이 이런 반론들의 실제 원인이자 겉보기의 정당화를 제공한다는 것은 논란의 여지없이 사실이다. 그렇지만 토마스 자신은 창조에서도 하느님 안에서도 신비를 인정하는 데 있어서 멀리까지 나아간다. 그래서 하느님의 파악-불가능성이라는 말을 거의 들어보지 못한 우리 현대 그리스도인들에게 그것은 『신학대전』에서 그토록 용맹하게 그리고 명료하게 지적된 우리의 무지(無知)를 발견할 때 경종의 원인이 된다. 왜냐하면 하느님에 관한 그의 가르침의 이 '요약'에서 토마스는 다음과 같이 말하기 때문이다: "우리는 하느님이 누구이신지를 알 수 없고 다만 그분이 무엇이 아니신지만을 알 수 있기 때문에, 우리는 하느님이 어떠하신지에 대해서는 관상할 수 없고 다만 그분이 어떠하지 않으신지에 대해서만 고찰할 수 있다."³³ 명백히 토마스는 "부정 신학"(theologia negativa)의 이 기본 사상을 초심자로부터도 억류하려 들지 않았다. 그리고 『토론문제집』에서는 심지어 이렇게 말하기까지 한다: "자신이 그분을 알지 못한다는 것이야말로 하느님에 관한 인간의 궁극적 지식이다"(Hoc est ultimum cognitionis humanae

---

32. 피퍼의 『용기와 절제』에 제시된 이성 개념과 비교하라: *Fortitude and Temperance*, pp.57ff.
33. "Quia de Deo non scire possumus quid sit, sed quid non sit, non possumus considerare de Deo quomodo sit, sed potius quomodo non sit."(*ST*, I, c.3, "Prologus")

de Deo; quod sciat se Deum nescire).[34]

토마스주의자들 가운데 자주 회자되는, 한 의미심장한 사실을 표현하는 말이 있다: 토마스는 논리를 두려워한다기보다는 신비(神祕, mysterium)를 두려워했다. 용감한 논리의 빛을 두려워하는 자는 참된 신비들의 영역을 결코 관통하지 못할 것이다. 자신의 이성을 사용하지 않는 사람은 결코 이성이 실제로 실패하는 저 경계 너머에 이르지 못할 것이다. 성 토마스의 작품에서 피조물의 모든 인식 방식은 바로 그 끝, 곧 신비의 경계를 추구하였다. 그리고 우리가 이 인식의 길들을 더욱 강렬하게 추적하면 할수록 우리에게 '어두움'도 그만큼 더 드러나지만, 또한 신비의 '실재'도 드러난다.

1.4. 마지막은 침묵이다

성 토마스의 마지막 말은 대화가 아니라 침묵(沈黙, silentium)이었다. 붓[筆]을 그에게서 앗아가 버린 것은 죽음이 아니었다. 그의 혀[舌]는 하느님의 신비 안에 있는 생명의 지극한 풍요로움에 의해서 잠잠해졌다. 그가 침묵한 것은 더 말할 것이 없어서가 아니었다. 오히려 그에게 그 어떤 인간의 생각이나 말도 도달할 수 없는 저 신비의 형언할 수 없는 깊이를 엿보는 것이 허용되었기 때문이다.

시성 과정의 기록에서는 이렇게 전해준다. 1273년 성 니콜라오 축일[12월 6일]에 토마스가 거룩한 미사를 봉헌한 다음 자신의 방으로 돌아왔을 때, 그는 다른 사람처럼 변했다. 그는 계속해서 침묵했다. 한 글자도 쓰지 않았고, 한마디도 없었다. 그는 자신이 작

---

34. *De potentia*, q.7, a.5, ad14.

업하고 있던 『신학대전』을 옆으로 치웠다. 고해성사(confessio)에 관한 논고를 한창 집필하고 있던 중이었는데, 갑자기 '붓을 꺾었다.' 그의 친구인 레지날도가 걱정이 되어 물었다: "신부님, 어떻게 당신이 이토록 위대한 작업을 중단할 수 있어요?" 토마스는 그저 대답할 뿐이었다: "나는 더 이상 쓸 수 없어." 레지날도 피페르노는 심각하게, 자신의 스승이자 친구가 일에 대한 압도적인 부담감으로 정신적 병을 얻은 것이라고 믿었다. 한참이 지난 다음 그는 다시 한 번 물으며, 대답을 재촉하였다. 토마스가 답했다: "레지날도, 나는 더 이상 쓸 수 없어. 내가 지금껏 쓴 것들은 나에게 모두 지푸라기에 불과한 것으로 느껴져." 레지날도는 이 말에 깜짝 놀랐다. 얼마간의 시간이 지난 뒤에, 토마스는 전에도 가끔 했듯이, 살레르노 근교에 있는 자신의 여동생 산 세베리노 백작부인을 방문했다. 그녀는 성 토마스가 어언 30년 전에 산조반니 성채로부터 탈출하려고 할 때 그를 도왔던 바로 그 여동생이었다. 그가 도착하자마자 여동생은 깜짝 놀라 그의 여행 동료인 레지날도에게 "오빠에게 도대체 무슨 일이 있었나요?"라고 물었다. 토마스는 마치 벙어리가 된 것 같았고, 그녀에게 거의 한 마디도 건네지 않았다. 레지날도는 다시 한 번 더 토마스에게 호소하며, 왜 집필을 중단하였는지, 그리고 무엇이 그를 그토록 깊은 혼란에 빠뜨린 것인지 말해달라고 했다. 토마스는 한동안 침묵했다. 그리고 그는 전에 말했던 것을 되풀이했다: "내가 이제껏 쓴 것은 모두 … 내가 본 것과 나에게 계시된 것에 비하면, 지푸라기에 불과한 것으로 느껴져."

이 침묵은 겨울 내내 지속되었다. 서방의 가장 위대한 교수가 벙어리가 되었다! 무엇이 그를 어떤 깊은 행복, 영원한 생명의 시작에 대한 암시로 물들였는지는 몰라도, 그것은 그 사람 안에 어떤 부자연스러움에서 야기된 혼란스런 느낌을 동반하였음에 틀림없었다.

완전히 자기 자신 깊숙이 침잠하여 지낸 이 시기의 끝에, 토마스는 리옹공의회에 참석하라는 초대에 응해 긴 여정에 올랐다. 하지만 그의 주의는 계속해서 내면으로 향하고 있었다. 시성 과정을 기록한 문서는 이 여정에서 토마스와 레지날도 사이에 나눈 한 대화를 보고하고 있다. 그것은 마치 긴 침묵으로부터 솟아올랐다가 곧 다시 긴 침묵으로 빠져든 것 같았다. 이 짧은 대화는 두 친구가 이미 얼마나 서로 다른 세계를 살고 있는지를 분명하게 보여준다. 레지날도가 용기를 내서 말했다: "이제 우리는 공의회에 참석하러 가는데, 거기에서는 많은 일들이 벌어질 것 같지 않아요? 교회 전체를 위해서뿐만 아니라 우리 수도회를 위해서도, 그리고 시칠리아 왕국을 위해서도 말이지요." 토마스가 답했다: "그래. 하느님께서는 거기에서 좋은 일들이 일어나도록 해주실 거야."

자신의 가르침이 자신의 삶보다 더 오래 지속될 수 있게 해달라는 토마스의 기도는 받아들여졌다. 리옹으로 가는 길에서 그는 선종(善終)을 맞았다.

이 죽어가는 사람의 정신은 포사노바의 수도자들을 위한 『아가 주해』에서 다시 한 번 목소리를 되찾았다. 그러므로 성 토마스의 마지막 가르침은 하느님을 향한 신부(新婦)의 사랑에 관한 것이다. 이 사랑에 대해 교회의 교부들은 이렇게 말했다: 그 상징적 대화의 의미는 하느님이 그분에 대한 우리의 모든 소유 역량을 넘어간다는 것, 우리의 모든 인식은 기껏 새로운 질문들의 실마리가 될 뿐이라는 것, 그리고 모든 발견은 다만 새로운 탐구의 출발점이 될 뿐이라는 것이다.

2

성 토마스 철학의 부정적 요소

이 논설은 본래 파리에서 발간되는 『살아계신 하느님』이라는 잡지에 「성 토마스의 철학에 들어 있는 부정적 요소에 대하여」라는 제목으로 실렸던 논문의 수정본이다: "De l'elements negatif dans la philosophie de Saint Thomas d'Aquin", in *Dieu Vivant* 20(1951). 이것은 또 다른 계간지 『호클란트』(*Hochland*, München, 1953)에 좀 더 촘촘한 형식으로 실리기도 하였다.

쾨젤출판사에서는 이 논설을 1953년에 『부정 철학』이라는 제목의 소책자로 출간했다가(*Philosophia negativa*, Kösel-Verlag, 1953), 나중에는 『소진될 수 없는 빛: 토마스 아퀴나스의 세계관에 들어 있는 부정적 요소』라는 긴 제목의 소책자로 출간하였다(*Unaustrinkbares Licht: Das negative Element in der Weltsicht des Thomas von Aquin*, Kösel-Verlag, 1963).

성 토마스 철학의 부정적 요소

사람이 말로 할 수 있는 도(道)는 상도(常道)가 아니고,
사람이 말로 일컬을 수 있는 이름은 상명(常明)[1]이 아니다.
(道可道, 非常道. 名可名, 非常名)
-노자(老子), 『도덕경』(道德經), I, 1

2.1. 표현되지 않은 것의 지각

자명(自明)한 것은 토론의 대상이 되지 않는다. 그것은 기정사실로 받아들여진다. 그것은 '말할 필요도 없다.'(Ce la va sans dire) 우리는 다만 이렇게 물어야 한다: 기정사실로 받아들여지고 그래서 표현되지 않은 채로 남아 있을 수 있는 것이란 정확히 무엇인가?
이번에도 널리 허용되는 것으로 간주되는, 이 언뜻 보기에 아무 문제도 없어 보이는 상황 속에 모든 텍스트 해석에 가장 중요하고 특수한 난점이 담겨 있다: 곧 해명되어야 하는 어떤 구절 속에는, 저자에게는 자명하기 때문에 표현되지 않은 채로 남아 있지만 그 텍스트를 해석하는 사람에게는 결코 자명하지 않은 몇몇

---

1. [*역자주] 여기서 노자가 말하는 상명(常明)은 우주의 본체로서, 영원히 작용하는 도(道)의 참된 이름이다. 장기근 역저, 『老子 新譯』, 명문당, 2009, 17쪽 참조.

관념들이 담겨 있다는 것이다. 따라서 그[해석자]는 그것들을 자동적으로 자신의 지각 속에 포함시키지 않는다. 그리고 이것은 그가 지금 지각하고 '있는' 모든 것의 강조점이 바뀐다는 것을 의미한다. 한 텍스트의 해석에서, 특히 우리의 문명이나 시대와는 멀리 떨어져 있는 어떤 텍스트의 해석에서 명백히 결정적이지만 그러나 결코 쉽지 않은 것은 다음과 같은 것이다: 바로, 표현되지 않은 채로 남아 있지만 실제로 언급되고 있는 것을 온통 물들이고 있는 저 기본적 가정들을 포착하는 일이다. 이것은 말하자면 명시적으로 말해지고 있는 모든 것들을 지배하고 있는 비밀의 열쇠를 발견하는 것과 같다.

어떤 사상가의 가르침이 정확히 '표현된 것들 속에 표현되지 않은 것'(das im Sagen Ungesagte)이라는 주장은 실증적으로 견지될 수 있다. 이것이 바로 마르틴 하이데거(Martin Heidegger)가 자신의 플라톤 해석에 착수하는 방식이다.[2] 그 구절은 비록 의심의 여지없이 심각하게 겉꾸며져 있지만(deliberately strained), 현재의 텍스트를 지지하고 있는 말해지지 않은 전제들에 이르지 못하는 해석이라면, 본질적으로 하나의 오해인 채로 남아 있을 수밖에 없다는 것이 분명하다. 비록 다른 측면들에서는 그 텍스트의 글자들이 상당한 학식에 기초해 주해되어야 하는 것이 사실이지만 말이다. 그리고 방금 지적한 것은 참으로 사태를 악화시킬 수도 있다.

이런 근원적이면서도 정식화되지 않은 전제들의 통로에 이르는 길이 있을까? 나는 그런 암호 해독의 열쇠들이 여럿 있다고 생각한다. 내가 자주 확인하는 한 가지는 분명 다음과 같은 것이다: 표현되지 않은 어떤 것이 마치 그 문체 안에 있는 어떤 '구멍' 또는

---

2. Martin Heidegger, *Platons Lehre von der Wahrheit*, Berne, 1947, p.5.

어떤 '틈'을 통해, 일종의 비약, 다시 말해 일종의 부적절성을 통해 그 자체를 드러내는 것과 같은 일이 종종 발생한다. (이것은 적어도 그것이 [함축적이고 어쩌면 한번도 결코 명시적으로 정식화된 적이 없는 다른 가정을 가지고 해석하고 거기서부터 출발하는] 우리에게 나타나는 방식이다.) 문제는 이 일견 비논리성을 마주칠 적마다 우리는 그것을 조심스럽게 지나치며 피해야 한다는 점이다. 우리는 나중에 이런 종류의 한 구체적인 실례를 언급할 기회가 있을 것이다.

2.2. 비밀의 열쇠: 창조

성 토마스 아퀴나스의 철학에는 그의 세계관의 거의 모든 기본 개념들을 규정하고 있는 어떤 근본적인 사상이 있다: 바로 창조(創造, creatio) 관념, 또는 좀 더 정확히 말하자면, 창조주 자신을 제외하고는 '피조물'(creatura)이 아닌 것이 아무것도 없다는, 그리고 덧붙이자면 이 '피조됨'이 전적으로 그리고 온통 관통적으로 피조물의 내적 구조를 규정한다는 관념이다.[3]

성 토마스 아퀴나스의 '아리스토텔레스주의'에 관해 말하자면 (여기서 '아리스토텔레스주의'란 대단히 의심스러운 용어라, 조심해서 사용해야 한다), 만일 우리가 그것을 (모든 것, 곧 영혼과 영뿐만 아니라 눈에 보이는 세상까지도 '피조물'이라는 논리적 귀결에 이르게 되는) 이 근본적 관점으로부터 고찰하지 않는다면 우리는 그가 아리스토텔레스에게로 돌아서는 것의 의미를 완전히 놓쳐버리고 말 것이다.

중세 신학자의 개념적 사유가 실재에 대한 그의 철학적 설명에

---

3. [*역자주] 성 토마스의 창조 신학에 관한 간략한 개관을 보기 위해서는: 바티스타 몬딘, 『성 토마스 개념사전』, 이재룡·안소근·윤주현 옮김, 한국성토마스연구소, 2021, 724-733쪽 참조.

있어서조차도 창조 관념에 의해 규정되어야 한다는 것은 논할 필요도 없이 충분히 자연적인 것처럼 보일지 모른다. 놀라게 되는 것은 그것이 여기서 얼마나 (말하자면 행간에서 읽어야 하는) '표현되지 않은' 가정의 문제, 곧 명시적으로 정식화되지 않은 견해의 문제냐는 것이다. 토마스는 창조 교리를 충만하고도 명시적으로 발전시키지 않았던가? 그것은 아주 잘 알려져 있는 당연한 사실이다. 그럼에도 불구하고 창조 개념이 성 토마스 존재 철학의 '거의 모든' 개념들의 내적 구조를 규정하고 특징짓는다는 것도 역시 사실이다. 그런데 이 사실은 명백하지 '않다.' 그것은 거의 한 번도 명시적으로 제시된 적이 없는 것에 속한다. 그것은 존재에 관한 성 토마스의 가르침 안에서 표현되지 않은 것에 속한다. 이 요소는 성 토마스의 교재 해석들이 거의 한 번도 말한 적이 없을 정도로 주목되지 않은 채로 남아 있다. 참으로 성 토마스에 대한 이 습관적인 해석은 (불가피하게 심각한 귀결들을 낳는 오해로 이끌어갈) 이 특수한 면에 관한 침묵으로 인해 적잖이 보이는 합리주의적 사고에 의해서 주로 규정되어 왔다.[4] 만일 문제의 개념들과 명제들이 단적으로 존재하는 어떤 중립적 존재, '존재자로서의 존재자'(ens ut sic), 무규정적인 대상들의 세계를 가리키는 것이 아니라 형상적으로 '피조물'로서의 존재를 가리킨다는 것을 깨닫지 못한다면, 예컨대 '존재하는 모든 것은 선하다'나 '존재하는 모든 것은 참되다'와 같은 명제들의 의미는, 내 생각으로는, 이른바 (전통적인 의미에서의) '초월적' 개념들의 일반적 의미인 것으로 오해되어버리고 만다. 저 사물들이 선한 것은 정확히 그것들이 존재하기 때문이고,

---

4. 이것은 에슈바일러의 책에서 분명하게 발표되었다: Karl Eschweiler, *Die zwei Wege der neueren Theologie*, Augsburg, 1926, pp.81ff., 283, 296. 다른 명제들은 좀 더 논쟁에 열려 있다.

이 선성은 사물들의 존재와 동일하며, 그것들에 부착된 단순한 속성이 아니다. 더욱이 '참된'(verum)이라는 용어는 '실존하는'과 동의어이고,[5] 따라서 실존하는 것은 그 존재 덕분에 참되며, 무엇보다 먼저 실존하고 그 다음에 2차적인 의미에서 참되게 되는 것이 아니다. 의심의 여지없이 서구의 고전적인 존재론적 가르침의 기초에 속하고 성 토마스의 예외적인 천재성에 의해서 정식화된 이런 사상들은, 만일 우리가 실재와 대상들을 형상적으로 창조된 것으로 고찰하는 데 실패한다면, 틀림없이 단적으로 그 충만한 맛을 상실할 것이다. 바로 이런 이유로 이 모든 명제들의 운명에 실제로 일어났던 것처럼, 그것들은 피상적이고 불모적이며 동어반복적으로 전락할 것이고, 그래서 칸트가 『순수이성비판』의 한 유명한 구절에서 그것들을 철학적 어휘사전으로부터 제거한 것이 어느 정도 정당화되는 것이다.[6]

이제 우리의 기본 주제로 돌아가자. 오직 우리가 이 창조 관념을 논의에 도입할 때에야 비로소 성 토마스의 진리(眞理, veritas) 이론은 그 고유하면서도 가장 심층적인 의미로 파악될 수 있다.[7] 그리고 여기서 곧 보겠지만, 우리가 진리 개념과 알 수 없음 및 신비라는 "부정적 요소"의 상관관계를 검토하게 될 때, 이 상관관계가 인간 인식의 대상이 될 수 있는 모든 것이 '피조물'이거나 아니면 창조주라는 근본적인 생각을 통해서가 아니라면 분명해지지 않는

---

5. Cf. Josef Pieper, *Wahrheit der Dinge*, 2nd ed., München, 1951(=김진태 옮김, 『사물들의 진리성』, 가톨릭대학교출판부, 2005).
6. 문제의 구절은 "유명한 스콜라적 명제인 '모든 존재자는 하나, 참된 것, 좋은 것이다'(omne ens est unum, verum, bonum)"에 대해 논하는 §.12, B113이다(=I. 칸트, 『순수이성비판』, 전원배 옮김, 삼성출판사, 1977, 120쪽).
7. [*역자주] 성 토마스의 진리 이론에 대한 간략한 개관을 보기 위해서는: 몬딘, 『성 토마스 개념사전』, 700-706쪽 참조.

다는 것을 발견하게 된다.

이것은 어쩌면 성 토마스의 진리 이론이 엄밀하게 "순수 철학"이 아니라 철학적-신학적인 어떤 것이라는 것을 시사할지 모른다. 이 문제는 여기서 개방된 채로 남아 있을 수 있다. 그 대답은 '창조' 관념에 대한 각자의 해석에 좌우될 것이다. 그것은 철학적인가, 아니면 신학적인가?

2.3. '참되다'는 것은 '창조적으로 사고된다는 것'을 의미한다

물론 여기서 성 토마스의 진리 이론 전체를 그 세세한 면까지 다 개진한다는 것은 불가능하다. 또한 본 연구의 목적을 규정하기 위해서 그렇게 하는 것이 꼭 필요한 것도 아니다. 우리 연구의 중심은 세계 내에 있는 '사물들의 진리'(veritas rerum) 관념으로 한정될 것이다. 이것은 흔히 "존재론적 진리"(veritas ontologica)라고 이해되고 있고, 인식의 진리인 "논리적 진리"(veritas logica)와는 구별된다. 그러나 이 두 진리 관념을 지나치게 분리시키는 것이 아주 정확한 것은 아니다. 성 토마스의 정신에서 그것들은 내밀하게 연결되어 있다. 예컨대, 베이컨(F. Bacon)에서부터 칸트(I. Kant)에 이르기까지 반복적으로 정식화된 것과 같은 "진리는 실재적으로 실존하는 것에 대해서가 아니라, 엄격하고 고유한 의미로 오로지 사고 대상이 된 것에 대해서만 서술될 수 있을 뿐이다."라는 일반적인 근대의 이의제기에 대해서, 성 토마스는 상당 부분 동의할 수 있을 것이다. 그는 이것이 바로 요점이라고 응수할 것이다. 오로지 생각된 것만이 엄밀한 의미에서 "참되다"고 불릴 수 있는데, 실재적 사물들은 생각되는 어떤 것이다! 그는 계속해서 그것들이 생각된다는 것이 그것들의 본성에 본질적이라고 말한다. 그것들이 실재적인 이유는 정확히 그것들이 생각되었기 "때문이다." 좀 더 명시적으로 말하자면, 그것들이 실재적인 이유는 그것들이 '창조적으로' 생각되었기 때문이다. 다시 말해 그것들이 사고에 의해서 꼴 지어졌기[형성되었기] 때문이다. 사물들의 본질은 그것들이 창조적으로 생각된다는 것이다. 이것은 상징적인 의미로가 아니라 글자 그대로의 의미로 받아들여져야 한다. 더욱이 (로마노 과르디니[Romano Guardini]가 말하는 것처럼),[8] 사물들은 그 자체로 생각들이고 "어떤 단어의 특성"을 지니고 있기 때문에, 그것들은, 그 용어의 아주 간결하고 적법한 용법에 따라 통상적으로 사고와 사고된 내용을 참되다고 부르는 것과 똑같은 의미에서 "참되다"고 불릴 수 있을 것이다.

사물들이 어떤 본질을 가지고 있다는 관념이 또 다른 관념, 곧 이 본질의 성격이, 계획하고 고안하고 창조하는, [곧] 형상을 부여하는 사고의 결실이라는 관념으로부터 분리될 수 없다는 것이 성 토마스의 관점이었다.

이 상관관계는 현대 합리주의에는 낯설다. 곧 논하겠지만, 왜 우리는 식물들의 '본성'(natura)과 사람들의 '본성'을, 또한 이 '본성들'이 생각에 의해서 존재 속으로 불려왔다고 고찰하는 것을 필요로 하지 않고서는 생각할 수 없는 것일까? 현대의 사고 습관들은, 만일 그것이 이처럼 창조적으로 생각되지 않았다면, 거기에 그런 어떤 '본성'이 있을 수 없다는 시사를 전혀 할 수 없다. 대단히 흥미롭게도 성 토마스의 이 명제는 현대 (참으로 우리가 '포스트-모던'이라고 부를 수도 있는) 실존주의는 원리들 안에서 뜻밖의 뚜렷한 지지를 받았다. 창조 개념에 대한 장 폴 사르트르(Jean-Paul Sartre)

---

8. Romano Guardini, *Welt und Person*, Würzburg, 1940, p.110.

의 급진적 부정(그는 예컨대 '실존주의가 일관되게 무신론적인 명제로부터 모든 결론들을 도출해내려는 시도 외에 다른 것이 아니'라고 선언한다)⁹으로부터, 어떻게 그리고 어느 정도로 창조 교리가 고전적인 서구 형이상학의, 가려져 있지만 기본적인 토대인지가 갑자기 명백히 드러난다. 만일 사르트르와 성 토마스의 사상을 비교하며 그들을 삼단논법 형식으로 환원해야 한다면, 그들이 둘 다 동일한 '대전제', 곧 다음과 같은 원리로부터 출발한다는 것을 깨닫게 된다: 곧 사물들은 오직 그것들이 사고에 의해서 만들어지는 한에서만 어떤 본질을 지니고 있다는 원리이다. 인간은 존재하고, 예컨대 편지봉투 개봉기를 만들 수 있고 또 실제로 만들어낸 구성적 지성을 지니고 있기 때문에, 그리고 따라서 다른 게 아니라 바로 그 이유 때문에, 우리는 편지봉투 개봉기의 '본성'에 대해서 말할 수 있다. 그런 다음에 사르트르는 계속해서 이렇게 전개한다: 인간과 모든 자연 사물들을 구상할 수 있었던(그리고 그것들 속에 어떤 내적 의미를 설정할 수 있던) 그 어떤 창조적 지성(체)도 있을 수 없기 때문에, 따라서 제작되지 않고 인위적이지 않은 사물들 안에는 '그 어떤' 본성'도 없다. 그의 표현을 직접 들어보자: "인간 본성과 같은 것을 창조적으로 생각해낼 그 어떤 신(神)도 존재하지 않기 때문에, 인간 본성과 같은 것은 없다"(Il n'y a pas nature humaine, quisqu'il n'y a pas de Dieu pour la concevoir).¹⁰ 반면에, 성 토마스는 다음과 같이 선언한다: 하느님이 사물들을 창조적으로 생각하기 때문에, 그리고 그러한 한에서, 바로 그렇게 그리고 그만큼 그것들은 본성을 지니고 있다. "피조물이 제한되고 유한한 실체를 지니

---

9. Jean-Paul Sartre, *L'existentialisme est un humanisme*, Paris, 1946, p.94.
10. Sartre, ibid., p.22.

고 있다는 바로 그 사실이야말로 그것이 어떤 원리로부터 파생된 것임을 보여준다."[11] 이것은 『신학대전』에서 따온 인용문이다. 사르트르와 성 토마스에게 공통적인 것은 이제 명백해지는데, 그것은 오직 사물들이 명시적으로 '피조물'로 간주될 때에야 비로소 우리가 사물들의 본성에 대해 말할 수 있다는 가정이다. 사물들이 창조주에 의해서 창조적으로 생각된다는 사실이야말로 성 토마스가 실재적인 사물들 안에 자리 잡고 있는 진리를 언급할 때 의도하고 있는 내용이다.

2.4. 사물들은 창조되었기 때문에 인식될 수 있다

사물들의 진리에 관한 성 토마스의 가르침 안에 있는 기본 원리는 『진리에 관한 토론문제』에서 발견할 수 있다.[12] 그것은 다음과 같다: "자연 사물은 두 개의 인식 주체들 사이에 놓여 있다"(Res naturalis inter duos intellectus constituta est). 즉 그가 설명하는 것처럼, '신적 지성'(intellectus divinus)과 '인간 지성'(intellectus humanus) 사이에 놓여 있는 것이다. 이처럼 사물들을 절대적으로 창조적인 하느님의 지식과, 창조적이지 않은, 실재와 일치하는 인간의 인식 사이에 '자리매김'하는 데에서 (원형들과 복제물들을 다 같이 포용하는) 하나의 체계로서의 실재의 구조가 갖추어진다. 여기에서 성 토마스는, 양적이지 않은 의미에서, 낡고 어쩌면 피타고라스의 것인 (한편으로는 주어진 것이지만 다른 한편으로는 수용된 것인) '척도'(mensura) 개념을 도입한다. 하느님의 창조적 인식은 측량하지

---

11. "hoc ipsum quod creatura habet substantiam modificatam et finitam, demonstrat quod sit a quodam principio."(*ST*, I, q.93, a.6)
12. *Quaestiones Disputatae de Veritate*, q.1, a.2.

만, 아무것도 수용하지 않는다: '측량되지 않은 측량자'(mensurans non mensuratum)이다. 이에 비해, 자연적 실재는 측량된 것이면서도 동시에 그 자체가 측량하는 것(mensuratum et mensurans)이다. 그러나 인간 인식은 측정되기만 하고 측량하지 않는다: 곧 '측정되지만 측정하지 않는 것이다.' 적어도 그것은 '인공적 사물들'(res artificialis)과 관련해서는 척도를 주는 것이지만, 자연 사물들과 관련해서는 척도를 주는 것이 아니다. (이것이, 창조된 사물과 인공적으로 구성된 사물들 사이를 가르는 성 토마스의 구별이 가지는 핵심 요점이다.)

사물들 안에 있는 이 두 겹의 관계에 상응해서 (이것이 성 토마스의 관념들의 추가적 발전인데) "사물들의 진리"(veritas rerum)에 대한 두 겹의 개념이 있어야 한다. 첫 번째 것은 하느님에 의한 사물들의 창조적 만들어짐을 지적하고, 두 번째 것은 인간 정신에 대하여 그것들이 내밀하게 인식될 수 있음을 가리킨다. '사물들이 참되다'는 표현은 우선적으로 그것들이 하느님에 의해서 창조적으로 생각된다는 것을 의미하고, 둘째로는 그것들이 인간 인식에 의해서 접근되고 파악될 수 있다는 것을 의미한다. 이 두 가지 진리 개념 사이에는 '본성적 우위'(prioritas naturae) 또는 존재론적 우위의 관계가 존재한다.

이 우위는 이중의 의미를 지니고 있다. 첫째, 우리는 이 관념의 핵심인 "사물들의 진리"를 포착할 수 없다. 실상 우리는 이 사물들이 '피조물'이라는 점, 다시 말해 그것들이 하느님의 창조적 인식에 의해 존재하게 되었다는 것과, 그것들이 (고대 이집트의 존재론이 표현했던 것처럼) 바로 "하느님의 눈"으로부터 전개된다는 것을 명확하게 드러내지 않고서는 그것을 완전히 놓치게 된다.

그렇지만 이 우위에는 두 번째 의미가 있다: 곧 그것이, 그것들이 인간에 의해서 인식되는 것을 '가능하도록 만든' 하느님에 의한 사물들의 창조적 만들어짐이라는 것이다. 그러므로 이 두 관계는 (형제들처럼이 아니라) 아버지와 아들처럼 서로 연관되어 있다. 아버지가 아들을 낳는다. 이것은 무엇을 의미하는가? 그것은, 사물들이 우리에게 인식될 수 있는 것이 하느님이 그것들을 창조적으로 생각했기 때문이라는 것이다. 하느님에 의해서 창조적으로 생각되었기 때문에, 사물들은 그들 '고유의' ('자기 자신만을 위한') 본성을 지닐 뿐만 아니라, 하느님에 의해서 창조적으로 생각된 것으로서 사물들은 또한 '우리를 위한' 실재도 가지고 있다는 것이다. 하느님이 그것들을 창조적으로 생각했기 때문에, 사물들은 각기 고유의 가지성(可知性, intelligibilitas), 내밀한 명료성과 빛남, 그리고 자기 자신을 드러낼 수 있는 능력을 가지고 있다. 그것들이 가지적인 것은 바로 이 때문이다. 그것들의 빛남과 방사(放射)는 하느님의 창조적 정신에 의해서 그것들의 존재와 더불어(아니 차라리 그 존재의 바로 본질로서!) 사물들 안에 주입된다. 실존하는 사물들로 하여금 인간 인식에 지각되도록 만드는 것은 바로 이 방사이고, 오직 이 방사뿐이다. 성경[13]에 대한 한 주해서에서 성 토마스는 이렇게 지적한다: "한 사물의 실재의 척도는 그 빛의 척도이다." 조금 후대의 작품인 『원인론 주해』에는[14] 이 동일한 관념을 거의 신비적인 구절로 정식화하고 있는 근본적인 명제가 들어 있다: "사물의 현실성 자체가 그것 자체의 빛이다"(Ipsa actualitas rei est quoddam lumen ipsius). 바로 창조된 존재자로 이해된 사물들의 실재이다! 사물들이 우리 눈에 지각되도록 만드는 것은 바로 이 빛이다. 좀 더

---

13. 1티모 6,4.
14. *In De causis*, prop.I, 6.

풍요롭게 표현해보자면, 사물들은 그것들이 창조되었기 때문에, 인식될 수 있는 것이다.

이쯤해서 인식의 토대와 관련해, 18세기 철학의 사물들의 본성에 관한 논고에 대해 사르트르의 반대와 비슷한 어떤 것이[15] 제시될 수 있다. 두 가지를 다 할 수 있다고, 즉 사물들이 하느님에 의해서 창조적으로 생각되었다는 관념을 논박하고 나서 계속해서, 사물들이 어떻게 인간의 정신에 의해서 인식될 수 있는지를 이해하는 것이 가능하다고 생각해서는 안 된다!

2.5. 사물들은 창조되었기 때문에 헤아릴 길 없는 깊이를 지니고 있다

그러므로 우리는 성 토마스의 판단에 따라 피조된 자연적 실재의 영역에서 두 가지 상이한 의미로 '진리'에 대해 말할 수 있다.

첫째, '사물들'의 진리가 함축될 수 있는데, 이것은 1차적으로 이 사물들이 '피조물'로서 하느님의 원형적인 창조적 사고와 일치한다는 것을 의미한다. 사물들의 진리를 형상적으로 구성하는 것은 바로 이 상응(相應, adaequatio)이다. 둘째, 우리는 (인간의) '인식'과 관련해서 진리를 말할 수 있는데, 이것은 또다시 그것이 "그 기준"을 사물들의 객관적 실재로부터 받고 그것에 상응하는 한에서, 참되다. 바로 이 두 번째 상응 안에 인간 인식의 진리가 성립된다. 이 두 가지 진리 개념은 『신학대전』의 동일한 절에서 정식화되고, 서로 대조되고 있다.

"사물들이 지성의 규범이고 척도일 때[인간의 경우], 진리는 지

---

15. *L'existentialisme*, pp.20ff., 73ff.

성이 사물들과 일치하는 데에서 성립된다. … 그러나 지성이 사물들의 척도 또는 규범일 때[신의 경우], 진리는 사물들이 지성에 일치하는 데에서 성립된다."[16] 이 명제들은 또 다른 관점에서 볼 때, 본질적으로 하느님의 창조적 인식과 인간의 모방적 인식 사이에 자리 잡고 있는 모든 창조된 '존재'의 구조를 표현한다: 이것은 우리가 결코 충만히 다 소진할 수 없는 관념이다.

둘 다 '상응'으로서 다른 방식으로 진리를 의미하는 이 (한편에서는 정신과 실재의, 그리고 다른 한편에서는 실재와 정신의) 두 관계 사이에는 오로지 단 하나의 근본적 구별만 있다. 하나는 인간 인식의 대상이 될 수 있지만, 다른 것은 될 수 없다. 하나의 관계는 인간에 의해서 알려질 수 있지만, 다른 것은 그럴 수 없다.

인간은 확실히 사물들을 알 뿐만 아니라 또한 사물들과 그것들에 대한 자신의 개념 사이의 관계를 이해할 수도 있는 위치에 있다. 다시 말해, 사물들에 대한 그의 즉발적 지각을 넘어 그는 판단과 성찰을 통한 인식을 가질 수 있다. 다시 말하자면, 인간 인식은 참될 수 있을 뿐만 아니라, 또한 진리에 대한 인식일 수도 있는 것이다.[17]

그렇지만 사물들의 진리가 1차적으로 그리고 고유하게 성립되고, 이번에는 처음으로 인간 인식을 가능하게 만드는, 사물들과 하느님의 창조적 정신 사이의 관계로 관심을 돌리게 되면 사정은 달라진다. (이것은 또다시 다음과 같이 시작되는 우리의 좀 더 통상적인 정식에 대한 성 토마스의 혁명적 문장이다: '인식은 진리의 어떤 특정 결과

---

16. "Quando igititur res sunt mensura et regula intellectus, veritas consistit in hoc, quod intellectus adaequatur rei, (…) sed quando intellectus est regula vel mensura rerum, veritas consistit in hoc, quod res adaequantur intellectui."(*ST*, I, q.21, a.2)
17. *ST*, I, q.16, a.2.

이다'[Cognitio est quidam veritatis effectus]. 참으로 사물의 진리의 결과이다!)[18] 사물들의 진리가 근본적으로 기초를 두고 있는 이 관계, 곧 자연적 실재와 하느님의 원형적인 창조적 사고 사이의 관계는 '강조하지만, 우리에게 형상적으로 알려질 수 없다.' 물론 우리는 사물들을 알 수 있다. 하지만 우리는 형상적으로 그것들의 '진리성'을 알 수 없다. 우리는 그 복사물을 알 수 있지만, 그 복사물과 원본 사이의 관계, 최초의 디자인과 디자인 된 것 사이의 상응은 알 수 없다. 반복하자면, 우리는 (그것에 의해 사물들의 형상적 진리가 구성되는) 이 상응을 지각할 능력을 가지고 있지 못하다. 여기에서 우리는 진리와 알 수 없음이 얼마나 긴밀히 연결되어 있는지를 깨달을 수 있다. 이 생각은 지금 더 이상의 정확한 진술을 요구한다.

'알 수 없는'이라는 용어는 글자 그대로 여러 가지 또는 적어도 두 가지 의미를 가질 수 있다. 그것은 '그 자체로' 알려질 수 있는 어떤 것을 가리키지만, 우리의 어느 특정 인식 기관(機關, facultas)은 충분히 관통할 수 있는 능력을 결(缺)하고 있기 때문에 그것을 포착할 수 없다. 이런 의미에서 우리는 '알 수 없는'이라는 말로 "맨 눈에 의해서 관찰될 수 없는" 대상들을 가리킨다. 그것은 그 대상의 어떤 특수한 속성 문제가 아니라, 오히려 시각 자체의 결함 문제이다. 우리가 지각할 수 없는 별들은 '그 자체로' 얼마든지 관측될 수 있다. 이런 맥락에서 '알 수 없는'은 그 특정 기관이, 확실하게 실존하고 있는 것이 알려질 수 있을 가능성을 실현하고 현실적으로 만들기에 충분할 만큼 강력하지 못하다는 것을 가리킨다. 그러나 '알 수 없는'이라는 이 용어는 또 다른 뜻을 가질 수도 있다: 곧 알려질 수 있는 그 어떤 가능성도 주어지지 않는다는 것,

---

18. *Quaestiones Disputatae De Veritate*, q.1, a.1.

알려질 것이 아무것도 없다는 것, 특정 '주체'의 측면에서 파악과 관통에 결함이 있다는 것뿐만 아니라 '대상' 측에서도 알려질 가능성이 없다는 것을 의미할 수 있는 것이다.

이런 후자의 의미에서 알려질 수 없음, 곧 어떤 실재적인 것이 그 자체로 알려질 수 없다는 것은 성 토마스에게는 단적으로 앞뒤가 뒤바뀐 것에 불과하다. '존재'가 창조되기 때문에, 다시 말해 하느님에 의해서 창조적으로 생각되기 때문에, 따라서 그것은—'정확히 그것이 존재하기 때문에'—'그 자체로' 자기-계시적이고 방사하는 빛이다. 따라서 성 토마스에게 '알 수 없는 것'은 결코 (그 자체로 어둡고 관통할 수 없는) 어떤 것을 가리킬 수 없고, 다만 어느 유한한 특정 인식으로 그것을 온통 다 흡수할 수 없을 정도로, 많은 빛을 가지고 있는 어떤 것만을 가리킬 수 있다. 그것은 완전하게 동화되기에는 너무도 풍부하다. 그것은 그것을 포용(이해)하려는 노력을 벗어난다.

우리가 지금 '알 수 없는'이라는 용어를 고찰하고 있는 것은 바로 이 후자의 의미에서이다. 그리고 나는 그것이 사물들의 진리 관념에 직접적으로 속한다는 점을 강조하고 싶다. 내가 강조하려는 것은 다음과 같다: 성 토마스의 가르침에 따르면, 사물들의 알려질 수 있음이 어떤 유한한 지성에 의해서 전적으로 소진될 수 없는 것은 그것들의 바로 본성의 일부이다. 그것은 그 사물들이 피조물이기 '때문'인데, 이것은 그것들이 알려질 수 있도록 만드는 요소는 필시 동시에 사물들이 불가해한 이유이기도 해야 한다는 것을 의미한다. 이것은 좀 더 정밀한 분석을 필요로 한다.

'사물들이 참되다'는 언명은 이미 살펴본 것처럼, 1차적으로 그 사물들이 하느님에 의해서 창조적으로 생각된다는 것을 가리킨다. 이 명제는 앞에서도 말한 것처럼, 만일 그것이 단순히 '하느님'

에 관한 명제, 다시 말해 능동적으로 사물들로 향하는 어떤 신적인 것에 관한 명제로만 이해된다면, 전적으로 오해되고 말 것이다. 아니, '사물들'의 구조에 관한 것이 언급되고 있다. 그것은, 사물들은 하느님이 그것들을 바라보시기 때문에 존재한다(반면에, 우리는 사물들이 존재하기 때문에 그것들을 알게 된다)는 아우구스티누스의 관점[19]을 달리 표현하는 방식이다. 이것은 실재와 사물들의 성격이, 그것들이 창조주에 의해서 창조적으로 생각됨에서 '성립된다'는 것을 의미한다. 앞에서도 말한 것처럼, '참되다'는 것은 존재론적 이름으로 '실재적인 것'과 동의어이다. '존재자와 참은 서로 호환된다'(ens et verum convertuntur). '어떤 것이 실재한다'고 말하는 것과 '어떤 것이 하느님에 의해서 창조적으로 생각된다'고 말하는 것은 동일하다. 사물들의 (피조물로서의) 본질은, 그것들이 하느님의 절대적으로 창조적인 정신 안에 자리 잡고 있는 어떤 원형적 유형 이후에 형성된다는 것이다. '하느님 안에 있는 피조물은 창조적인 본질이다'(Creatura in Deo est creatrix essentia). 이것이 바로 성 토마스가 『요한복음서 주해』에서 말하는 방식이다.[20] 『신학대전』도 비슷한 구절을 담고 있다: "존재하는 모든 사물은 그것이 하느님의 지식을 모방하는 한에서 자기 본성의 진리를 소유하고 있다."[21]

이미 말한 것처럼, 성 토마스는 사물들의 본성을 의미하는 사물들의 진리 탐구에서, 명백히 사물들과 그것들의 신적 모형들 사이의 이 상응을 모른 체하거나 '배제'할 수 없었다. 이것은 예컨대 그가 그것[상응]을, 우리의 정신이 그것에 대한 어떤 흔적도 발견할

---

19. Augustinus, *Confessiones*, XIII, 38. Cf. *De Trinitate*, VI, 10.
20. St. Thomas, *In Johan.*, I, lect.2, n.91.
21. "Unamquodque enim intantum habet de veritate suae naturae, inquantum imitatur Dei scientiam."(*ST*, I, q.14, a.12, ad3)

수 없는 텍스트들로 읽는 곳에서 드러난다. 다음의 예가 저 '도약하려는 경향', 곧 (그 안에서 발설되지 않고 표현되지 않은 것이 마치 천의 틈을 통해서 드러나는 것과 같은) 논거의 발전에서의 한결같지 못함을 잘 보여준다. 『진리론』 제1문 제2절에서 성 토마스는 자신의 사물들의 진리 관념을 명백하게 설명한다: "실재적인 것은 그것이 하느님의 정신에 의해서 그리로 질서 지어져 있는 것을 실현하는 한에서 참되다고 일컬어진다."―다시 말해, 어떤 실존하는 사물은 그것이 신적 인식의 유형을 재생산하는 만큼, 참되다. 아퀴나스는 계속해서 말한다: 이것은 아비첸나(Avicenna)의 유명한 정의에 의해서 초래되었다. 하지만 이 정의에서 '우리의' 정신들은 그런 종류의 것을 아무것도 식별하지 못할 것이다. 그렇다면 아비첸나의 정의는 무슨 말을 하는가? 그것은 중세 동안에 거의 고전이 되었다: "모든 개별 사물의 진리는 설정되어 있는 그 존재의 속성이다."[22] 성 토마스는 '이' 텍스트를, 사물들의 진리가 그것들이 하느님에 의해서 창조적으로 생각됨에서 성립된다는 자기 자신의 명제를 확인해주는 것으로 읽는다. 두 명제 사이의 어떤 연결성을 감지한다는 것은 우리에게 결코 일어나지 않았을 것이다. 그의 논증 노선에 있는 이 명백한 '간극'은 오직 성 토마스가 사물들이 어떤 본질, 어떤 '무엇'을 가지고 있다는 관념을, 이 사물들의 본질이 어떤 기획하는 창조적인 인식의 결실이라는 다른 관념으로부터 분리할 수 없었다는 것을 의미할 수 있을 뿐이다.

    이제는 우리의 고유 문제로 돌아가기로 하자. 우리는 결코 하느님 안에 있는 이 본원적 유형과 창조된 그 복사물 사이의 상응

---

22. "Veritas uniuscujusque rei est proprietas sui esse quod stabilitum est ei." 토마스는 이 명제를 다음 작품들에서 인용하고 있다: *ST*, I, q.16, a.1; *ScG*, I, c.60, n.504; *De Veritate*, q.1, a.2.

을 제대로 파악할 수 없다. 이 [상응] 안에서 형상적으로 그리고 1차적으로 사물들의 진리가 성립된다. 우리가 말하자면 구경꾼으로서 '하느님의 눈'으로부터 사물들의 발생을 관조(관상)한다는 것은 불가능하다. 사정이 이러하기 때문에, 우리의 인식 탐색은, 그것이 (가장 낮고 가장 단순한 질서의 것이라 할지라도) 사물들의 본질을 향할 때, 원칙적으로 끝이 없는 어떤 소로를 따라 움직여야 한다. 그 이유는 사물들이 '피조물'이기 때문이고, 존재의 내적 빛남이 신적 지식의 끝없는 방사(放射)를 그 궁극적이고 모범적인 원천으로 삼고 있기 때문이다. 이 조건은 성 토마스에 의해 정식화된 것으로서, 존재의 진리 개념 안에 포함된다. 그렇지만 그 실재의 깊이는 오로지 우리가 그것을 창조 개념과의 상호 관계 안에서 이해할 때 실현될 뿐이다. 이것은 성 토마스가 기정사실화하는 상호관계이다.

'인식될 수 없음'이라는 부정적 요소는, 내가 개관한 것처럼 이해된 바로 이 진리 개념 안에 그 고유 자리와 기원을 가지고 있다.

우리는 여기서 오직 성 토마스의 '부정 철학'(philosophia negativa) 에 대해서만 관심을 기울인다. 하지만 그는 이미 '부정 신학'(theologia negativa)의 원리들을 규정하였다. 이 후자의 사실이 또한 토마스의 가르침에 대한 전통적 소개에서 두드러지지 않았다는 것도 역시 사실이다. 자주 그것은 몽땅 생략되었다. 『신학대전』에서 하느님에 관한 가르침이 "우리는 하느님이 누구이신지를 알 수 없고 다만 그분이 무엇이 아니신지만을 알 수 있다."라는 명제로 시작한다는 사실에 대해서는 거의 언급되지 않았다.[23] 나는 성 토마스가 자신의 『삼위일체론 주해』[24]에서 표현한 관념, 곧 우리의 하느님 인식에 세 등급이 있다는 관념을 포함하는, 토마스의 사상을 담고 있는 교재를 본 적이 없다: 1) 가장 낮은 것으로, 그분이 창조에서 능동적일 때의 하느님의 인식,[23] 2) 둘째, 영적 존재자들 안에 반영된 것으로서의 하느님에 대한 인정,[24] 3) 세 번째이자 가장 높은 것으로서, 하느님을 '알려지지 않은 분'(tantum ignotum)으로 인정함. 혹자는 『토론문제집』으로부터 다음과 같은 문장을 고찰한다: "우리가 하느님을 알지 못한다는 것(quod [homo] sciat se Deum nescire)이 하느님에 대한 인간적 인식에서 궁극적인 것이다."[25]

우리가 성 토마스의 '철학'에서 "부정적인 요소"로 돌아설 때, 우리는 그 인식 탐구가 한 마리 파리의 본질조차 발견하는 데 성공하지 못한 사상가들에 관한 구절을 만나게 된다. 이 구절은 사도신경에 대한 거의 대중적인 개진[26]에 나타나지만, 그것은 수많은 다른 비슷한 명제들과 내밀한 관계를 맺고 있다.

이 명제들 가운데 어떤 것들은 놀랍게도 "부정적"이다. 예컨대 "사물들의 본질적 원리들은 우리에게 알려지지 않는다"(principia essentialia rerum sunt nobis ignota).[27] 이 정식은 언뜻 보기에 그러한 것처럼, 결코 전형적이지 않거나 예외적인 것이 아니다. 그것을 (『신학대전』, 『대이교도대전』, 『진리론』, 그리고 다른 '토론문제들'로부터 인용되는) 십여 개의 유사한 구절들과 나란히 놓는 것은 어렵지 않을 것이다.

"실체적 형상들은 그 자체로 알려지지 않는다"(Formae substantia-

---

23. "Quia de Deo scire non possumus quid sit, sed quid non sit, non possumus considerare de Deo quomodo sit, sed potius quomodo non sit."(*ST*, I, q.3, Prol.)
24. *In De Trin.*, q.1, a.2, ad1.
25. *Quaestiones Disputatae De Potentia*, q.7, a.5, ad14.
26. *In Symb.*, c.1.
27. *In De anima*, I, lect.1, n.15.

les per se ipsas sunt ignota).²⁸ "본질적인 차이들은 우리에게 알려지지 않는다"(Differentiae essentiales sunt nobis ignotae).²⁹

이 모든 명제들은 우리가 사물들 안에 있는 뚜렷한 요소를 인식할 고유 수단을 가지고 있지 않다는 것을 가리키는데, 이것이 사물들의 본질을 의미한다. 이것이 바로 성 토마스가 다그치는 이유, 곧 우리가 그것들에 그 참된 존재를 전해주는 이름을 줄 수 없는 이유이고, 그것들에게 우연한 상황들로부터 이름을 부여해야 하는 이유이다. (이런 맥락 속에서 성 토마스는 종종 중세 때에 통용되던 부조리한 어원들을 활용하기도 한다: 예컨대 '돌'[lapis]은 '발이 돌에 부딪칠 때 발을 상하게 하는 것'[laedere pedem]에서 왔다는 식이다.)³⁰

하느님 자신뿐만 아니라 또한 사물들도 인간은 발설할 수 없는 "영원한 이름"을 가지고 있다. 이것이 '시적(詩的)으로'가 아니라 명확하게 의도되는 것이다. 그리고 이 점에서 서방의 전통적인 지혜는 내가 이 연구의 시초에 도입했던 중국 [고전]으로부터의 인용구와 일치한다.

명확한 이유가 무엇인지를 성 토마스는 한 구절에서 묻는다: 우리가 창조를 통해서 하느님을 완전하게 아는 것은 왜 불가능한가? 그의 대답은 두 부분으로 나눠지는데, 두 번째 부분이 더 흥미롭다. 첫째는 창조가 하느님을 다만 불완전한 방식으로만 표상할 수 있다고 주장한다. 둘째로는 우리의 정신이 사물들 안에서 그것들이 실제로 포함하고 있는, 하느님에 관한 저 정보조차도 읽는 데 지나치게 생경하고 무디다(imbecilitas intellectus nostri)라고 덧

---

28. *Quaestiones Disputatae De Spiritualibus Creaturis*, II, ad3.
29. *De Veritate*, q.4, a.1, ad8.
30. Ibid.

붙인다.[31]

 이 표현의 힘을 이해하기 위해서는 성 토마스의 견해에서, 신적인 완전성이 모방되는 특별한 방식이 어떤 사물의 특수한 '본질'을 구성하는 것임을 기억해야 한다.

 "모든 피조물은 그 자신의 고유 종(propriam speciem)을 가지고 있는데, 그것에 따라 그 피조물은 그 방식으로 신적 본질의 유사성에 참여한다. 그러므로 하느님이 당신의 본질을 그런 어떤 피조물에 의해서 모방될 수 있는 것으로 알고 있듯이(ut sic imitabilem a tali creatura), 그분은 그것을 그 피조물의 특수한 모델이자 관념으로서 안다."[32] 이 사상은 어떤 새롭고도 복잡한 문제에 대해 해결의 길을 지적한다. 그럼에도 불구하고 그것은 우리의 현재 주제와 밀접한 관계를 맺고 있다. 그것이 언급하는 것은 바로 이것이다: 사물들의 궁극적 실재는 우리가 결코 궁극적으로 관통할 수 없는 어떤 것이다. 왜냐하면 우리는 결코 신적 관념들의 유사성을 정확히 유사성으로서 충만히 다 파악할 수 없기 때문이다.

 이 이중의 응답은 결정적으로 변증법적 구조를 가지고 있다. 그것은 그 정의상 기원을 하느님으로부터 그리고 또한 무로부터 가지고 있는 피조된 실재의 구조를 반영하고 있다. 왜냐하면 성 토마스는 사물들의 실재가 그들의 빛이라는 사실뿐만 아니라, 또한 "피조물은 무로부터 온 것인 한에서 어두움이다."(Creatura est tenebra inquantum est ex nihilo)라는 점도 강조하기 때문이다. 이 문장은 하이데거로부터 오는 것이 아니라, 성 토마스의 『토론문제

---

31. Ibid., q.5, a.2, ad11.
32. *ST*, I, q.15, a.2.

집』으로부터 오는 것이다.³³ 왜 우리가 하느님을 창조로부터 충만히 알 수 없느냐는 질문에 대한 대답은 흥미롭게도 동일한 변증법적 구조를 가지고 있다. 그것이 사실상 단언하는 것은 무엇인가? 그것은 다음 사항들을 선포한다.

사물들은 자기 본질을 통해서 다만 불완전한 방식으로만 하느님을 표현한다. 왜 그럴까? 왜냐하면 사물들은 피조물들이고, 피조된 것은 창조주를 전체적으로 다 표현할 수 없기 때문이다. 그럼에도 불구하고 (답변은 계속된다) 이 불완전한 표현 안에서조차도 빛의 충만함은 우리의 포괄 능력을 능가한다. 또다시, 왜? 왜냐하면 사람은 그 자체가 하나의 피조물이기 때문이지만, 아직도 사물들이 그들의 실재 안에서 신적인 기획을 소급해 가리키기 때문이다. 그리고 이것은 다시 한 번 더 말하지만, 사물들이 피조물들이기 때문이다.

2.6. 희망: 피조된 인식의 구조

우리는 성 토마스 아퀴나스의 철학 안에 있는 "부정적 요소"를 지적하였다. 이런 종류의 정식은 쉽사리 오해받을 수 있고 좀 더 명확한 언명과 어쩌면 심지어 어떤 교정조차도 요구한다.

이 "부정적" 성격은 사물들의 존재가 인간 인식에서는 획득될 수 없다는 의미로 이해되어서는 안 된다. "지성은 사물을 그 본질에 이르기까지 관통한다."³⁴ 이것은 성 토마스에게는 철학자들의 지성적 노력이 한 마리 파리의 본질조차 결코 파악할 수 없었다는

---

33. *De Veritate*, q.18, a.2, ad5.
34. "intellectus vero penetrat usque ad rei essentiam."(*ST*, I-II, q.31, a.5)

그의 단언에도 불구하고 타당한 명제로 남아 있다. 이 두 가지 명제들은 서로가 서로에게 의지한다. 정신이 사물들에 이르는 것은 정확히 그것이 그 깊이를 헤아릴 길 없는 빛 속으로 들어간다는 사실에서 입증된다. 왜냐하면 그것이 사물들의 실재에 이르기 때문에 또 그런 정도로, 정신은 그것들이 측정될 수 없다는 것을 발견한다. 니콜라스 쿠사누스는 소크라테스의 "박학한 무지"(docta ignorantia)에 대한 그의 설명에서, 오로지 사람이 빛과의 시각적 접촉에 이르게 될 때에야 비로소 태양의 밝음이 그의 시각 능력을 초월한다는 것을 깨닫게 된다고 말한다.[35]

성 토마스와 함께라면 불가지주의(不可知主義, agnosticism) 문제란 있을 수 없고, 신-스콜라학(Neo-scholastica)이 이 점에 대해 강조하는 데 있어서 전적으로 옳다. 하지만 나의 견해로는 창조 개념, 다시 말해 정확히 피조물로서의 사물들의 구조를 형상적으로 끌어들이지 않고서는, 이 사실에 대한 진정한 근거를 드러내는 것이 가능하지 않다. 다시 말해, 사물들은 하느님에 의해서 창조적으로 사고되는 한에서, 한편으로는 그 존재론적 명료성 및 자기-계시와, 다른 한편으로는 그 소진될 수 없음, 곧 그 인식될 수 있음과 '인식될 수 없음'이라는 두 가지 속성들을 소유하게 된다. 만일 우리가 이 기본적 입장으로 돌아가지 않는다면, 우리는 성 토마스의 사상 안에 있는 '부정적 요소'가 어떻게 불가지주의에 떨어지지 않는지를 보여줄 수 없다. 이것을 그냥 지나치고자 애쓰는 사람은 성 토마스를 합리주의자로 해석하고, 따라서 그의 가르침을 하나의 체계로 환원하려고 시도하는 일부 신-스콜라학 사상가들의 예가 보여주듯이 그를 심지어 좀 더 곡해하는 불가피한 위험

---

35. Nicholas Cusanus, *Apologia doctae ignorantiae*, 2, 20ff.

을 무릅쓰게 된다.

나에게는 성 토마스의 가르침이 '희망'이라는 인식 주체로서의 인간 실존의 조건, 그 본성상 고정될 수 없는 조건을 의미하는 것으로 보인다: 그것은 포괄과 소유 또는 단순히 비소유를 의미하는 것이 아니라, '아직 소유하고 있지 않음'을 의미한다. 인식 주체는 '나그네'(viator) 또는 '도상(途上)에 있는' 자로 시각화된다. 이것은 한 가지 관점에서 볼 때, 그가 내딛는 걸음이 의미가 있다는 것, 그것들이 몽땅 헛된 것은 아니라는 것, 그리고 그것들이 그를 그의 목표에 좀 더 가까이 데려간다는 것을 의미한다. 하지만 이 사상은 또 다른 사상에 의해서 보완되어야 한다: 곧 '실존하는 존재자'로서 인간이 '나그넷길에' 있는 한에서, 그토록 오래도록 그의 앎은 불완전하다. 사물들의 본성에 대한 모든 철학적 탐색에서의 이 희망의 조건은, 다시 한 번 더 강조하자면, '창조됨'에 기초하고 있다.

희망은 부정보다 훨씬 더 긍정에 가깝기 때문에, 성 토마스의 철학에서 우리가 정식화하려고 시도한 '부정적 요소'는 포용적 긍정이라는 배경 위에서 바라봐야 한다. 사물들의 본질들이 알려질 수 없다는 것은 존재의 진리의 일부이다. 하지만 이것은 대상의 접근할 수 없음, 인식 불가능성 또는 사물들 측의 어두움을 지적하는 것이 그토록 적기 때문에, 여기에는 오히려 다음과 같은 역설이 자리 잡고 있다: 결국 사물들은 정확히 그것들이 모두 너무도 알려질 수 있기 때문에 인간 인식에 의해 접근될 수 없다는 것이다.

아리스토텔레스의 잘 알려져 있는 명제가 있다: "박쥐의 눈에 햇빛이 [너무] 부셔 [볼 수 없는] 것처럼, 인간의 지성도 그 본성상 너무도 명백한 것에 직면할 때, 그러하다."[36] 토마스는 이 명제에 대한 주석에서 그 전체적 의미를 다 받아들이지만, 계속해서 이 멋진 정식에서 그 긍정적 측면을 강조한다: "비록 박쥐의 눈은 태양을 바라볼 수 없지만, 독수리의 눈은 그것을 볼 수 있다"(Solem etsi non videat oculus nycticoracis, videt tamen eum oculus aquilae).[37]

---

36. "Sicut enim nycticoracum oculi ad lucem diei se habent, sic animae nostra intellectus ad ea quae sunt omnium naturae manifestissima."(Aristoteles, *Metaphysica*, II, c.1, 993b9-10)

37. *In Metaph.*, II, lect.1, n.286.

3

토미즘의 적시성

이 논설은 저자가 마드리드와 바르셀로나의 대학에서 행한 강연을 약간 수정한 것이다. 그것은 플로렌티노 엠비드(Florentino Embid)가 주관하는 《성장하느냐 아니면 죽느냐》(O Crece o Muere) 총서에 『토미즘의 현실성』(*Actualidad del Tomismo*, Madrid, 1952)이라는 제목의 소책자로 출간되었다.

토미즘의 적시성

언뜻 보기에 이 탐구 주제는 자명하고, 애매한 부분이 전혀 없는 것처럼 나타난다.[1] 하지만 이 인상은 다소 현혹적이다. '적시성'(適時性)과 '토미즘'이라는 용어들이 실제로 의미하는 것은 무엇인가? 이 질문에 대한 답은 결코 단순하지 않고, 따라서 우리는 이 점에 대한 완전한 합의로부터 멀리 동떨어져 있다.

그렇다면 첫걸음은 명백하다. 우리는 이 두 용어를 어떻게 이해하고 있는가?

3.1. 적시성이란 무엇인가

어떤 가르침이 적시적(適時的, timely)이고 우리 시대 및 시기와 딱 들어맞는다고 주장될 때마다, 그리고 이 성질이 적극적이고 긍정적인 의미로 여겨질 때마다, 그 논리적 전제는 인간의 정신이 본질적으로 시간과 역사에 조건 지어져 있다는 것이다. 보에티우스의 고전적 표현을 빌리자면, 진리 전체를 동시적으로 소유하고 있는(tota et simul possessio) 정신에게, 시간을 초월하는 성질을 지

---

1. 이 주제는 이 강연이 본래 이루어졌던 강연 시리즈의 주관자에 의해서 이렇게 정식화되었다.

닌 인식 주체에게, 따라서 하느님에게, 그리고 어쩌면 순수 정신에게, '적시적'인 것이란 있을 수 없다. 모든 것이 적시적이기 때문이다. 그리고 인간 정신이 어느 주어진 순간에 진리의 충만한 내용을 잠재적으로 파악할 수 있다고 개념될 적마다, 따라서 시간과 역사에 조건 지어져 있는 것으로서의 인간의 본질적 본성이 부정될 때마다, '적시성' 관념은 또다시 진지하게 생각될 수 없는 것이 된다. 역사로부터 갈라서는 형이상학적 합리주의(Metaphysical Rationalism)는 '적시적'이라는 용어를 적극적인 의미로 사용할 수 없다. 여기서 '적시적'은 실천적으로 '거짓된'이나 '이단적인'과 동의어가 된다. '순간에 속하는'(of moment) 것은 의심스럽고, 참된 존재를 가지고 있지 않으며, 주목할 만한 가치가 없다. 13세기 동안 '진리의 모든 내용'(entire content of truth)을 소유하고 있다고 주장하던 자들이 '새 것을 좇는 데 누구보다 뒤지지 않는 자들'(grandi moderni)인 알베르투스 마뉴스와 토마스 아퀴나스를 조사하였다.

그렇지만 인간 정신의 시간적 조건은 어떤 부가적 함의를 지니고 있는 것으로 보인다. 곧 인간은 그의 역사 안에서, 그것이 개인이든 아니면 집단이든 상관없이, 어떤 나무처럼, 낮은 상태로부터 좀 더 크고 포괄적인 이해의 상태로, 지속적인 발달과정을 통해 진보하는 것이 아니다. 오히려 인간 지성의 실제적인 역사적 발달은 단언(assertion)과 반-단언(counter-assertion) 형식에서의 진보인 것으로 나타난다. 단언은 진리의 총체를 점진적이고 중단 없는 과정으로 포착하는 것이 아니다. 그러나 진리의 일면을 표현할 때 필연적으로 다른 면을 가리게 된다. 그 두 번째 측면이 반-단언으로 밝혀져서, 단언을, 또다시 자신도 저지될 때까지, 저지한다. 다양하고 여러 측면을 가진 진리의 한 측면이 뚜렷해질수록, 다른 측면은 시야에서 물러난다. 그리고 이 다른 측면이 그 경로를 망각으로부터 의식으로 되돌리게 되면, 이전의 측면은 정신으로부터 흐려져 간다. 이 과정 밑에 깔려 있는 법칙은 우리로부터 지워진다. 그것은 미리 알려지거나 한 번에 몽땅 다 알려질 수 없다. 모든 긍정적인 기회가 동시에 위험을 포함하고 있다는 사실은 인간의 정신이 '동시에 몽땅 소유'(tota et simul possessio)를 즐길 수 없다는 것을 가장 명백한 방식으로 보여준다. 참으로 어떤 긍정적인 기회도 그 안에 내재하는 위험은 배제한 채 수용될 수 없다. 결국 인간 정신은 본질적으로 유한하고, 시간에 조건 지어져 있으며 역사적이라는 것이 명백해진다.

그런데 우리는 '적시성'(timeliness) 개념을 논하고 있는 것이 아니었던가? 실제로 우리는 이 개념의 모호성에 초점을 맞추려고 노력하는 중이다. 만일 인식의 역사적 성격이, 어느 특정 시대에 진리의 어떤 요소들이 다른 때보다 좀 더 결정적으로 부각됨을 함축한다면, 그래서 어떤 문제들과 과업들이 좀 더 시급하다면, 그리고 똑같은 이유로 진리의 다른 요소들은 물러나고 망각될 위험에 처하게 된다면, 우리는 어떻게 이 특수한 시대에 무엇이 '적시적'이고 '때에 맞는' 것인지를 규정해야 한단 말인가?

시작하자면, 한 시대를 그 특수한 가치, 태도, 문제들에서 격려하고 굳건히 하며, 그 모든 노력의 노선과 긍정적이고 직접적으로 상응하는 모든 것은 적시적이고 적합하다. 그런데 여기서 우리는 한 시대에 관해 1차적으로 논의되는 관심사들에 관한 이런 강조가 그 시대의 맹점들을 강화한다는 점을 잊어서는 안 된다. 이것은 더 이상의 '적시성' 관념을 시사한다. 한 시대가 '원하는' 것뿐만 아니라 그 시대가 '필요로 하는' 것 또한 적시적이다. 현재에 대한 교정적 태도는 적시적이고, 그것을 받아들이기를 거부하는 것, 아니, 그 기회들에 필연적으로 내재하는 위험들을 거절하는 것도 역시 적시적이다.

결과적으로 '적시적'인 것과 '비적시적'인 것은 둘 다 그 용어의 직접적인 의미에서 어느 시대에 적합할 것이다. 니체가 자신의 도전적 논고 『삶을 위한 역사의 활용과 단점에 관하여』에 "비적시적 명상"(Untimely Meditations)이라는 제목을 붙였을 때, 그는 그것들이 자기 시대에 가장 큰 적합성을 지니고 있다는 것을 알았다. 그렇지만 '비적시적'인 것이 대단히 '적시적'으로 경험될 수도 있고, 또 인간의 제한된 조건이 한계로 포착될 수도 있다는 사실에서, 우리는 새롭고도 다른 어떤 것의 증거를 발견한다: 곧 인간의 정신은 그 엄격한 역사적 경계(범위)들에도 불구하고 어떤 특수한 시기에 사로잡혀 있지 않다. 오히려 그것은 참으로 (진리 전체를 향해 정위된) '우주를 감당할 수 있는'(capax universi), 그리고 따라서 심지어 그 고유의 시간-제약적인 실존에 대해서도 공평한 고찰을 할 수 있는 영이다.

그렇다면 처음부터 '적시성' 관념은 낙관주의와 신뢰의 색채를 띠고 있다. 진리의 어떤 특별한 특성에 대한 각각의 "현대적" 강조가 (합리주의의 기색이 도도하게 취하려 드는 것처럼) 진리의 총체성에 대한 어떤 거부를 함축할 필요는 없지만, 오히려 이 강조가 진리에 대한 어떤 새로운 지각을 위한 기회를 가져다 줄 수도 있다. 이 기회는 이미 살펴본 것처럼, 그 본성상 그것의 내속적(內屬的)인 위험과 연결되어 있다. 그러므로 우리는 적시성 관념이, '근대적'(modern)이 되는 순간에 벌어지는 것에 대해 깨어 지키는 신뢰의 어떤 요소를 포함하고 있다는 결론에 이를 수 있다.

그것이 명백해지기 전에 지나가버린 것으로부터 '우리의 오늘날과 시대에는 무엇이 유의미하고 적시적인가?'라는 질문에 어떤 해답을 제시할 과제를 걸머진다는 것은 얼마나 자만스런 태도인가? 심지어 현대가 동질의 유형을 제공하고 있다고 가정하더라도, 그 시대가 '원하는' 것이 무엇이고 또 '필요로 하는 것'이 무엇인지를 과연 누가 말할 수 있는 처지에 있단 말인가? 오늘 세계에서 발생하고 있는 것의 관점에서 보자면 과연 누가 비판적인 분리와, 당대와의 직접적 동일시 사이의 올바른 혼합을 이루어낼 수 있을까?

이런 이유 때문에 나는 처음부터 뒤따르는 것의 한계들을 언급하는 것이 염려스럽다. 나의 의도는 단순히 그 문제를 이 특수한 각도로부터 고찰하는 것이다.

3.2. 토미즘 또는 토마스 사상이란?

'토미즘'(thomism)이라는 용어는 여러 의미를 가지고 있다. 우리가 앞의 용어로 무엇을 납득하지 '못'하는지를 말하는 것으로 시작하자.

나는 무엇보다 먼저, 초자연적 은총에 관한 가르침에서 '몰리나스주의'(Molinism)와 대조되는 저 독특한 토미즘에 관심이 있는 것이 아니다. 그렇다고 일반적으로 '수아레스주의'(Suarezianism)라 불리는 것과 구별되는 토미즘을 논하고 있는 것도 아니다. 이것들은 엄밀히 말해, 성 토마스에 대한 다양한 해석 방식들이다. 1925년 로마에서 열린 국제토마스학회에서의 그랍만과 펠스터(Franz Pelster) 사이의 유명한 논쟁은 논란의 중심이 되고 있는 가장 중요한 가르침, 곧 '본질과 존재 사이의 실재적 구별'에 관한 가르침이 토마스 자신에게는 단지 부수적 가치만 지니고 있다는 것을 드러내었고, 또 그의 초창기 제자들이 그것을 '여러 가지' 방식으로 해석하는 것이 가능하고 타당하다고 생각했다는 것을 명백히 밝혀주었다. 이 복잡한 문제의 정확한 해결책이 무엇이든지 간에 '수

아레스주의적'이라고 불리든 '토마스주의적'이라고 불리든 그 두 가지 해석은 모두 명시적으로 성 토마스의 권위를 인정하고 있다. 의심의 여지없이 그들 사이의 의견 차이는 그들의 의견 일치보다는 덜 중요하다.

그렇다면 우리는 이 적시성에 관한 논쟁에서 토미즘을 어떻게 이해해야 한단 말인가? 우리는 그 용어를 일상적인 넓은 의미에서 '토마스의 모든 형태의 제자를 가리키는' 것으로, 특히 성 토마스의 작품들에서 노작(勞作)된 세계관을 가리키는 것으로 사용할 것이다. 토미즘은 이런 의미에서 성 토마스의 가르침, 그 이상도 그 이하도 아니다.

그러나 여기서 나는 곧바로, 비록 인간 어휘의 약점들의 관점에서 그것을 사용하는 것이 정당화된다고 하더라도, 그것이 논란의 여지가 있고 문제가 되는 용어임을 지적하고 싶다.

토미즘이라는 용어가 아무리 모호하게 일반적 용법으로 적용될 수 있다고 하더라도, 그것은 의심의 여지없이 쉽사리 성 토마스의 가르침이라는 그릇된 관념으로 이끌릴 수 있는 해석의 요소들을 포함하고 있다. 톨스토이(Leo Tolstoi)는 어떤 '톨스토이주의자'의 철학이라고 하더라도 불가피하게, 톨스토이 자신의 철학에 견주어볼 때 완전히 이질적일 수 있다고 말한 적이 있다. 나는 토마스가 어떤 토미스트에 대해서 비슷한 말을 했을 수 있다는 것을 시사하려는 의도가 없다. 하지만 우리는 '토미즘'이라는 용어가 얼마나 쉽게 의심스러워질 수 있는지를 볼 수 있다. 왜 그것은 그토록 부적절하단 말인가? 왜냐하면 그것은 우리로 하여금 거의 자동적으로, 논쟁적 명제들과 그 반명제들로 노작된 어떤 사상의 특수한 학파, 특히 전통적으로 영속화된 어떤 명제들의 체계를 떠올리게 만들기 때문이다.

성 토마스의 가르침을, '근본적으로 중요한 어떤 것을 제거하지 않은 채', 어떤 '학파'의 명제들 체계라는 틀로 압축한다는 것은 나에게는 전혀 불가능한 것으로 보인다. 성 토마스의 작품에서 드러나는 웅장한 사상의 노작은 그런 작업을 하기에는 너무도 풍부하고 또 너무도 유연하다. 풍부함은 그리스도교 초창기의 신학적 지혜가 그리스 세계의 철학적 유산들과 융합되었다는 사실에만 있는 것도 아니고, 또 아리스토텔레스에게만 해당되는 것도 아니다. 거기에는 플라톤으로부터 오는 실마리들도 있고, 심지어 신플라톤주의로부터 오는 실마리들도 있다. (사실 종종 성 토마스가 아리스토텔레스라고 인용하고 있는 한 저자는 플로티누스의 신비에 싸인 시리아 국적의 제자로서, 서방에서는 디오니시우스 아레오파지타라는 이름으로 불렸다.) 성 토마스의 업적의 풍요로움을 구성하는 것은 이런 내용의 풍요로움만도 아니다. 그것은 또한 이 유사화 과정이 모두 성경의 가르침과 교회의 성사적이고 전례적인 생활에 기초해서 유형화되는 어떤 영성(靈性, spiritualitas)에 기반해서 발전된다는 사실에도 있다. 그 최종 결과는 가장 높은 지성적 질서에 속하는 어떤 구조이지, 어쨌든 학파식 명제들의 폐쇄된 체계가 아니다.

따라서 성 토마스는 이것을 다른 참으로 위대한 스승들과 공유하고 있어서, 어떤 특수한 사상의 한 학파의 수장으로, 어떤 '~주의'(主義, ~ism)의 창시자로 전유(專有)될 수 없는 것이다. 무릇 '주의들'은 배타적이고, 논쟁에서 그것들은 '간결'하고 '명료'하다. 반면에, 참으로 위대한 스승들은 진리에 있어서 깊이를 헤아릴 수 없는 것에 대한 그들의 보다 깊은 평가 때문에, 각각에 독특한 것보다는 서로 차이나는 입장들에 공통적인 것을 더 강조하기를 선호한다. 그들은 논쟁을 사랑하지 않는다. 그들이 선호하는 것은 보다 유연하고 자연적인 공리 편에 서는 것이지, 어떤 고착되고 인위적인 용어 편에 서는 것이 아니다. 예컨대, 성 토마스에 유착하는 모든 '주의들'은 '아우구스티누스주의'를 공공의 적으로 간주한다. 하지만 성 토마스 자신의 태도는 어떠한가? 그는 어디에서도 아우구스티누스에 대해 외관상의 규정을 말한 적이 없다. 그렇지만 (토미스트들과 아우구스티누스주의자들 사이에 가장 논란이 심한 문제들 가운데 하나인) 인간 인식에 있어서 신적인 조명 문제를 다룰 때에는 아우구스티누스와 자기 자신 사이의 의견 차이는 '그리 중요하지 않다'(non multum refert)고 말하고 있다.[2] 자기 자신의 '개체성'에 그토록 관심이 적은 어떤 저자가 자기 사상에 본질적인 어떤 것을 상실하지 않으면서도 어떤 스콜라학 체계 속으로 기꺼이 압축될 수 있을 것으로는 보이지 않는다. 예컨대 누가 감히 플라톤이 사랑의 본성에 관하여 『향연』에서 말한 모든 것을 추상적인 명제들로 정식화하려 들 것인가? 플라톤과의 비교는, 그렇게 보이는 것처럼 에둘러 말하는 것이 아니다. 나의 견해로는, 그것은 스콜라학적 '절'(articulus)에서 간직하고 있는 성 토마스의 가르침의 본질에 속하고, 단지 그 외적인 형식에서만이 아니라 진정한 대화 또는 담화의 성격, 다시 말해 결정적으로 정식화된 대답을 소유한다고 주장하지 않는, 성찰적 명상의 성격을 지니고 있다. 저 주목할 만하고 거의 소진될 수 없는 『진리론』 제1문 제1절의 분석은, '진리가 무엇이냐?'는 질문에 대해서는 그 어떤 적절하고 명료한 교재의 답변도 주어지지 않는다는 것을 입증한다. 오히려 성 토마스는 먼저 자기 자신의 독창적인 해석을 전개하고, 그런 다음에 참으로 소박하게 그것을 상호 조명과 확인의 얼개 속에 담겨 있는, 진리에 관한 전통적 정의들의 화관(花冠)으로 삼는다. 전통적 정식들의

---

2. *De Spiritualibus Creaturis*, a.10, ad8.

어느 하나도 전적으로 배제되거나 배타적으로 타당한 것으로 받아들여지지 않는다. 그것들이 결코 충만히 일치하지 않음에도 불구하고 그는 각 정식의 단편적 타당성을 높이 평가할 수 있다. 여기서 실제로 벌어지고 있는 일은 무엇인가? 성 토마스는 결과적으로, 궁극적 해답을 제시한다고 주장하지 않은 채, 자기 자신을, 과거로부터 자양분을 얻는 전통적 진리의 흐름 속에 자리매김하고 있다. 그리고 그 흐름이 아직 알려지지 않은 것을 향해 흘러가는 데 따라, 장차의 탐구와 발견에 길을 활짝 열어놓고 있다. 바로 이것이 정확히 플라톤의 대화 방식이다. 성 토마스의 인식론에 관한 최근의 연구들에서도 유사한 결론에 이르렀다. 그들은 토마스가 아주 명백히 심사숙고해서 인식에 관한 독단적 정의를 내리는 것으로부터 한 발 뒤로 물러섰다는 것을 입증한다.

  이 모든 것이 왜 우리에게는 성 토마스의 가르침을 어떤 '~주의'로 취급하는 것이 그토록 문젯거리가 되는 것으로 보이는지, 그리고 왜 우리가 토미즘이라는 용어를 오로지 분명한 단서들을 제시하며 사용해야 하는지가 명료화되었을 줄로 믿는다.

  바로 이 구조에 의해서 성 토마스의 가르침은 적시성과 비적시성이라는 두 가지 의미 모두에서 우리 시대와 무관하지 않다고 얼마든지 말해질 수 있다. 성 토마스의 적시성이 상당한 정도로 '토미즘'과 같은 것은 있을 수 없다는 사실에 놓여 있다고 말할 수 있을 것이다. 나는 이 특성이 상당한 작업을 필요로 한다는 것을 깨닫는다. 하지만 그것을 시도하기에 앞서, 우리는 현대 철학 사상의 현재 처지를 짧게나마 고찰할 필요가 있다.

3.3. 키에르케고르부터 사르트르까지: 체계적 철학에 대한 불신

현대 사상에서의 (상징 논리학과 같은) 어떤 다른 추세도 없는 것은 아니지만, 여기서 직접적으로 우리에게 도전장을 던지는 용어는 '실존주의'(Existentialism)이다. 실존주의는 모두가 알고 있듯이, 그 실체가 온통 부식되어버린 너무도 흔한 유행어가 되었다. 그것은 모두에게 실제로 어떤 것을 의미할 수 있지만, 결과적으로는 그 누구에게도 간명하고 결정적으로 의미하는 것이 아무것도 없다. 하지만 우리는 실존주의라는 이름 아래 가장 생생하고 진정한 철학적 사고가 오늘날 우리에게 전수되고 있다는 것을 인정해야 한다. 더 나아가 그것이 모든 형식에 있어서 어떤 공통적이고 타당한 중핵을 지니고 있다는 것도 인정되어야 한다. 이 공통의 중핵은 무엇보다도 합리주의적 철학 체계에 대한 배격과 불신이다. 이것은 사르트르, 가브리엘 마르셀(Gabriel Marcel), 하이데거를, 그들이 공유하고 있는 선조 쇠렌 키에르케고르(Søren Kierkegaard)와 결합시킨다. 게오르크 헤겔(Georg W. F. Hegel)에 대한 키에르케고르의 대립은 정확히 다음의 전제에 기초하고 있다: 세계의 본질적 실재에 대한 충만한 성찰을 어떤 폐쇄된 명제들의 체계 안에서 달성한다는 것은 인간의 역량 안에 있는 것이 아니다. 철학은 헤겔이 주장했듯이, '지혜에 대한 애정 어린 추적'을 의미하는 그 고유의 호칭을 '현실적 지식'으로 변경할 수 있는 것이 아니다. 세계의 비일관성을 헤아리는 것, 가려져 있는 일관성을 발견하는 것, 그리고 그것을 합리적으로 구성된 '종합'으로 정식화하는 것은 인간적 역량을 벗어난다.

키에르케고르의 도래 이래 시적인 논거와 철학적 일기가 모든 형태의 실존주의들이 선호하는 표현 수단이 되었다면, 그 이유는 추상적이고 일반화된 명제가 실재의 깊이에 도달할 수 없다는 확신이고, 그것이 주장하는 것과는 반대로 어떤 철학적 명제도 사물들의 '진정한 존재'를 적절하게 표현할 수 없다는 확신이다.

현대 실존주의에서 이 기본적 확신은 직업적 사상가들이라는 좁은 권역으로부터 우리 현대의 일반적 정신으로 넘겨졌다. 그것은 알 수 없는 것에 직면해서 신앙하는 경외심에서부터 완전한 불가지주의(agnosticism)나 궁극적으로는 허무주의(nihilism)에까지 이르는, 광범위하게 서로 다른 태도들 안에서 그 표현을 발견한다. 그 극단적 정식화, 예컨대 사르트르의 무신주의적 허무주의(예컨대, "인간 본성과 같은 것은 없다."[il n'y a pas de nature humaine])[3] 안에서조차도 이 요소가 발견될 수 있다는 것에 주목하는 것이 중요하다. 사르트르는 우리가 인간의 본성에 대해 (우리가 인간 기획에 대해서는 알지 못하지만, 그 기획이 우리에게 알려져 있는) 어떤 기술적 도구의 본성에 대해 말하는 것과 동일한 권위적인 방식으로 말할 수 없다는 것을 강조한다.

3.4. 토마스 아퀴나스: 부정 철학

나는 성 토마스의 가르침의 적시성이 그것도 역시 '실존주의적'이라는 사실에 근거하고 있다고 생각하지 않는다. 그렇지만 모든 실존주의들의 이 공통 관심사가 성 토마스의 가르침 안에서 적극적 상응과 종적인 교정을 둘 다 발견한다는 것이 입증될 수 있다.

먼저 적극적 상응을 살펴보기로 하자. 일반적으로 중세 스콜라학과 특별히 성 토마스는 마치 그들이 어떤 폐쇄된 철학 체계라는

---

3. Sartre, *L'existentialisme*, p.22.

이상을 성취하는 첫 사상가들이기나 한 것처럼 표상되려는 경향이 있다. 『대전』은 어떤 폐쇄된 지식 체계를 구성하기 위해서뿐만 아니라, 그보다 더욱 계시의 진리들조차도 합리적 증거들을 통해, 밀접하게 상관적인 어떤 빛나는 구조 속으로 옮겨놓기 위한, 인간적 지성[이해]의 주장의 한 사례로 간주된다. 이 거짓되고 오도적인 그림의 역사적 성장은 추적하기가 쉽지 않다. 의심의 여지없이 많은 요인들이 그것을 만들어내는 데 협력했고, 이 요인들은 서로서로 작용과 반작용을 거듭했다. 적수들은 물론이고 추종자들까지도 그 오해에 기여하였다: 종교개혁 시대 동안의 아우구스티누스주의에 특징적인, 자연 이성에 대한 오해뿐만 아니라, 스승인 토마스를 보존하려는 신-스콜라학의 노력도 불가지주의의 온갖 얼룩이나 고발에 책임이 있다.

흥미롭게도, 『신학대전』이 미완(未完)의 작품이라는 사실은 거의 주목을 받지 못했다. 흔히 제공되는 설명은 그 저자의 죽음이 너무도 일찍 찾아왔다는 것이다. "죽음이 덮쳐와 그는 작품을 미완으로 남겨놓을 수밖에 없었다." 『대전』의 판본들에는 이런 비슷한 메모가 발견된다. 하지만 실제에 있어서 성 토마스는 자기 자신의 내적 체험 때문에 그 작품을 마무리 짓기를 거부하였다. "나는 더 이상 쓸 수 없어. 지금까지 내가 쓴 것들은 모두 지푸라기에 지나지 않는 것으로 보여." 이것은 확실하게 그 단편적 성격이 『신학대전』의 함의 전체에 속한다는 것을 가리킨다. 만일 이 점을 고려하지 않은 채 토마스를 근대 합리주의의 체계적 사상가들의 선구자로 간주한다면(독일 계몽주의 철학자 크리스티안 볼프[Christian Wolff]는 사실상 토마스를 자신의 선구자라고 주장했고, 자신의 직접적 스승인 빌헬름 폰 라이프니츠[Wilhelm von Leibniz]보다 더 토마스와 밀접한 일체감을 느꼈다.) 성 토마스 안에서 '사물들의 본질적 원리들은 우리에게 알려지지 않는다.'(principia essentialia rerum sunt nobis ignota)[4]와 같은 명제를 발견하는 것은 대단히 놀라운 경험으로 다가올 것이다.

그런 명제는 어떤 합리주의적 체계의 간결하게 잘 재단된 완전성으로부터 멀리 벗어날 뿐만 아니라, 또한 어떤 폐쇄된 체계라는 관념을 형상적으로 '배제'하는 철학 관념을 표명하는 것이기도 하다. 어떤 철학적 질문의, 뚜렷이 구별되는 특성은 그것이 바로 저 '본질적 원리들', 곧 그 대단히 심원한 뿌리들과 그 궁극적 의미와 함께 사물들의 '본질' 속으로 탐구해 들어간다는 것이기 때문에, 성 토마스의 (이런 종류의 유일한 사례가 아닌) 이 명제는 우리로 하여금 철학적 질문이 충만한 형식으로 답변될 수 없다는 것을 이해시켜준다. 그것은 그것이 질문된 것과 똑같은 의미로 답변될 수 없다. 이제 우리는 성 토마스가 왜 자신의 주해에서 '우시아'(ousia) 또는 실재 문제, 곧 사물들의 본질 문제가 "과거에, 오늘, 그리고 언제나 되물어지고 계속해서 논쟁의 대상이 될 것이다."[5]라고 선언하는 아리스토텔레스의 『형이상학』의 인용구에 대해 아무런 반대도 하지 않았는지를 깨닫게 된다. 이것이 의미하는 것은 여기에 궁극적으로 단호하게 해결될 수 없는 문제가 있다는 것이다. 그리고 우리는 토마스가 아리스토텔레스와 함께 '존재'에 관한 철학적 가르침 안에서 추구되는 지식, 다시 말해 사물들의 본질에 관한 지식은 인간에게 그의 소유로 주어지는 것이 아니라, 단지 일종의 '담보'로 주어진다(non ut possessio sed sicut aliquid mutuatum)고 말할 수 있다는 것을 이해하게 된다.[6]

---

4. *In De anima*, I, lect.1, n.15.
5. Aristoteles, *Metaphysica*, VII, c.1, 1028b: S. Thomas, lect.1, nn.1260-1262.

이제 우리는 이렇게 묻게 된다. 하나의 '담보'로 간주되는 그런 지식은 어떻게 구체적으로 표현될 수 있을까? 추측과 암시의 형식으로? 의심의 여지없이, 최소한, 바로 그 본성상 어떤 담보의 형식보다는 영속적 소유의 성격을 지니고 있는 어떤 스콜라학적 체계의 형식으로 표현될 수 있다.

여기서 현대 철학 사상의 어떤 근본적 요청이 얼마나 그리스도교의 '보편적 박사'(Doctor Universalis)의 작품 안에서 그 상응과 확인을 발견하게 되는지, 또는 성 토마스의 이 '부정 철학'이 얼마나 하나의 적극적 상관자라는 의미에서 적시적인지를 다시 한 번 더 지적하는 것은 거의 불필요해 보인다. 이 점을 명백히 하는 것은 성 토마스를 들어 높이는 문제가 아니다. 우리는 그의 변론에 연루되어 있는 것이 아니다. 또한 이것은 호교론의 문제가 아니다. 문제는 '시대정신'(Zeitgeist)과 서방의 전통적 지혜 사이의 결실 풍부한 대화의 시작 문제이다. 이것은 '~주의들'의 뒤늦은 추종자들 사이에 불붙기 쉬운 소모적 논쟁들이 해소되고 그로부터 적시성의 부정적 대응자, 곧 우리 시대를 향한 성 토마스의 교정적 '아니!'(No)를 받아들일 용의가 자라날 수 있는 대화이다.

3.5. 피조물과 인공물에 관한 단상

실존주의의 다양한 형식들은 그들 고유의 시대에 필요하고 건강한 평판을 얻었다. 그리고 이 점에서 그것들은 성 토마스에 의해서 재충전된다.

인간이 오늘날 일상생활을 영위하는 세계는 점점 더 순전히 기

---

6. *In Metaph.*, I, lect.3, n.64.

술적인 세계로 변모되어 가고 있다. 그가 관심을 기울이는 것들은 인공적인 것들이다. 그것들은 피조물들이 아니라 인공물들이다. 이 상황 속에 내재하고 있는 위험은 인간이 그릇되게 세계를 하나의 전체로 간주하게 된다는 것이고, 그것과 더불어 창조된 것들, 그 가운데 특히 인간 자신을, 그가 정확하게 기술공학 영역에 속하는 자신의 인공물들로 간주하는 것과 똑같은 방식으로 간주하게 된다는 것이다. 다시 말해, 인간은 피조물 전체를 완전히 측량할 수 있는 것으로, 충만히 합리적으로 파악할 수 있는 것으로, 그리고 무엇보다도 바꾸고 변형시키고 심지어 파괴하는 것도 허용될 수 있는 어떤 것으로 간주하기 시작한다는 점이다.

프리드리히 엥겔스(Friedrich Engels)는 거의 고전적인 그릇된 결론에 이르러 인공적인 사물들의 산출 가능성으로부터 모든 자연적 실재에 대한 궁극적 지식(exhaustive knowledge)의 가능성을 추론했다. ("실천적 경험, 곧 실험적 탐구와 산업[생산]"은 세계에 대한 "궁극적 지식의 가능성"을 부정하는 철학적인 "오류"의 "가장 결정적인 배격"을 초래하였다.)[7] 이것은 나름의 이유들 때문에 볼셰비즘(Bolshevism)의 공식 가르침으로 받아들여지는 그릇된 결론이다.[8]

반면에 현대 실존주의, 예컨대 사르트르는 인공물과 자연 사물의 차이를 강력히 강조한다. 여기서 새로이 강조된 것은 나

---

7. Friedrich Engels, *Ludwig Feuerbach und der Ausgang der klassischen deutschen Philosophie*, Berlin, 1946, pp.17ff.
8. 엥겔스로부터의 이 명제는 예컨대 소련 공산당 공식 역사의, 스탈린이 지은 변증법적이고 역사적인 물질주의에 관한 섹션에서 인용된다: *Geschichte der Kommunistischen Partei der Sowjetunion*, Berlin, 1946, pp.136ff. 소비에트-러시아의 변증법적 유물주의에 관한 보헨스키의 저술에 따르면, 소비에트 과학아카데미의 철학연구소는 레닌에 의해서도 인용된 엥겔스의 명제에 한 절 전체를 헌정하고 있다: I. M. Bochenski, *Der Sowjetrussische dialektische Materialismus*, Berlin-München, 1950, p.95. 이 언급은 같은 연구소가 간행한 1948년도 판에 나타난다: *Program for an Extensive Course in Dialectical and Historical Materialism*, Institut, 1948.

에게 포스트-모던이라 보이는 것으로 나타난다. 한편 고유하게 '근대적'인 사고는 거의 이 차이를 지각하지 못하고, 확실히 그 차이를 강조하지 않는다. 고유하게 근대적인 사고는 그것이 특별히 '실재주의적'(realistic)이라고 믿는 것으로 기운다. 이것은 직접적 실재와 인간이 만든 것들 사이의 차이를 강조하지 않지만, 숲, 강, 평원'과' 주택 발전, 교량, 공장 등을 하나의 동일한 실재, "우리를 에워싸고 있는 실재", '우리의' 실재로 보는 관점이다.

반면에 성 토마스도 '자연적 사물들'(res naturalis)과 '인공적 사물들'(res artificialis) 사이를 분명하고 혼동의 여지없이 구별하지만, 그 근거는 실존주의의 것과 다르다. '인공적 사물들'은 그 척도를 인간에게서 받지만, '자연적 사물들'은 그렇지 않다. 성 토마스는 현대인들에게 순전히 기계공학적인 환경의 위험에 대해 경고하는 사르트르에게 동의할 것이다: 인간의 '본성'에 대해, 당신이 (당신 자신의 머리로 디자인한) '펜'의 본성에 관해 말하는 것과 똑같은 방식으로 말할 수 있다고 생각하지 마라. 그렇지만 사르트르는 인간에 대한 디자인과 같은 것은 없고, 따라서 '인간 본성'도 없다고 덧붙일 때, 이 경고의 힘과 타당성을 무력화시키고 있다. 여기서 불가피한 결론은, 당신은 원하는 대로 당신 자신과 인간을 만들 수 있다는 것이다.[9]

성 토마스의 가르침의 부정적 연관성, 그 "비적시적 적시성"이 나타나는 것은 바로 여기이다.

---

9. "인간은 자기 자신을 만든다. 처음부터 완전히 만들어진 것이 아니라, 선택을 통해 자신의 정신을 만들어간다."(Sartre, *L'existentialisme*, p.78).

3.6. 소진되지 않는 빛

성 토마스가 자연적 사물들의 진정한 '존재'는 측량할 수 없다고, 철학적 질문은 결국 답변될 수 없다고 말하는 이유는 무엇인가? 그는 왜 세계의 본질적 실재를 충만하고 남김없이 다 표현하는 것은 불가능하다고 말하는 것일까? 우선적으로 그 이유는 여전히 실존주의와 완전히 일치하는 틀로 짜여질 수 있다: 우리는 자연적 사물들의 설계, 원초적 유형을 온전히 포착할 수 없다.

이 정식으로부터 일련의 고찰들이 발생한다. 첫 번째로, 성 토마스와 사르트르는 둘 다 '설계'와 '본질'을 밀접히 연관시키고 있다: 설계가 없는 곳에는 본질도 있을 수 없다. 사물들은 오로지 그것이 어떤 형상-창조자, 아는-정신에 의해서 꼴 지워진 한에서만 하나의 본질을 가지게 된다. 이런 의미에서도 근대-이전 사상과 근대-이후(Post-modern) 사상의 만남이 있다. 18세기의 철학적 무신주의를 비판하는 데 있어서 사르트르는 자신이 오래된 존재 가르침에 충만히 동의하고 있다는 것을 보여준다. 그가 선언하듯이, 그것은 창조 개념은 포기되지만, (그 점에 대해서는 아무것도 변한 것이 없는 것처럼) "사물들의 본성"에 관해 말하는 습성은 [포기되지] 않을 때, 명료하고 논리적인 사고의 서글픈 결핍을 드러낸다. 존재하기 전에 사물들의 '본성'이 있다고 주장하는 것은, 동시에 사물들이 '피조물들'이라고 주장하지 않는 한, 피상적이고 터무니없으며 심지어 부조리하기까지 하다[10].

우리는 이제 두 번째 요점을 살펴보기로 하자. 자연적 사물들의 설계와 본질이 인간 지성에 의해서 온전히 다 포착될 수 없다는 성

---

10. *L'existentialisme*, p.20.

토마스의 평결은 이것들이 어떤 식으로도 알려질 수 없다는 것을 함축하는 것이 아니다. 성 토마스는 사물들의 본질이 완전히 파악될 수는 없지만, 알려질 수 없는 것은 아니라는 점을 강조한다. 인간의 지성적 능력은 그로 하여금 사물들의 본질을 관통해 들어갈 수 있게 해준다. 따라서 (비록 철저한 것은 아니더라도) 그럼에도 불구하고 진실된, 사물들의 본성에 관한 통찰들과 주장들이 있을 수 있다. '존재'의 가장 깊은 의미는 무엇이냐는 질문에 대해 진정한 해답이 주어질 수 있다.

이 점에 대해서 실존주의의 근본 명제는 비난의 대상이 된다. 그렇지만 성 토마스의 가르침의 적시성이 하나의 교정으로서 성립되는 것은 배격, 다시 말해 단순한 부정의 사실에 있는 것이 아니다. 부정이 그 자체로 충분하지 못하다는 것은 너무도 명백하다. 교정이라는 것은 대조되는 사상과 어떤 진정하고 특별한 상관관계가 존재한다는 것을 함축한다. 그렇다면 이 (부정적) 상관성은 무엇에서 성립되는가? 정확히 이것, 곧 성 토마스에게 하나의 동일한 요인이 왜 사물들이 전적으로 포착될 수 없는지와, 왜 그것들이 알려질 수 있는지를 둘 다 설명한다는 데 있다. 성 토마스는, 사물들의 헤아릴 길 없음은 그것들의 알려질 수 있음과 거의 동일하다는 것을 보여준다.

이 공동의 뿌리는, 그것을 가능한 한 짧게 표현해보자면, 사물들의 '피조됨', 곧 사물들의 설계 또는 원초적 유형이 신적인 로고스(Logos) 안에 자리 잡고 있다는 진리이다. 사물들은 하느님의 눈길로부터 발생하기 때문에, 그것들은 전적으로 로고스의 본성에 참여한다. 다시 말해, 그것들은 그 깊이에 있어서 맑고 투명하다. 그것들이 사람들에게 알려질 수 있는 것은 로고스에 기원이 있기 때문이다. 하지만 바로 로고스 안에 있는 이 기원 때문에 그것들은 어떤 '무한한' 빛을 반사하고, 따라서 남김없이 다 이해될[포용될] 수는 없는 것이다. 그것들을 측량할 수 없도록 만드는 것은 어둠 또는 카오스(chaos)가 아니다. 그러므로 만일 어떤 사람이 자신의 철학적 탐구에서 사물들의 본질을 탐색하고 있다면, 그는 자신의 대상에 접근하는 바로 그 행위에 의해서 어떤 측량할 수 없는 심연 안에 있는 자기 자신을 발견하게 된다. 하지만 그것은 하나의 '빛'의 심연이다. 사물들의 본질에 관한 질문을 던짐으로써 그는 또한 그것들의 설계와 원형에 대한 질문도 던지며, 이와 더불어 그는 어떤 1차적으로 끝없는 길 위에서 출발한다. 만일 내가 한 장의 종이의 화학적 합성이나 어떤 원자의 구조를 탐구하는 데에로 한정한다면, 나는 어떤 본질적으로 답변이 가능한 문제의 경계 테두리 안에, 결정적인 해결책들의 영역에 남아 있다. 그것은 과학들이 엄밀하게 스스로 제한하고 있는 영역이다. 그러나 예컨대 나의 펜에 눈길을 주자마자, '이 대상은 무엇인가?' 하고 묻기 시작한다. 가령 '이것은 하나의 도구이다'나 '이것은 금이다'와 같은 대답을 기대한다는 의미에서가 아니라, 오히려 '그 진리성과 본질 안에서 물질적 실재의 비율은 무엇인가?'에 대한 답을 기대한다는 의미에서이다. 이 질문을 진정한 철학적 의미로 던지자마자 나는 즉각적으로 그리고 형상적으로 헤아릴 길 없고 측량할 길 없는 것을 다루게 된다. 이것은 사물들의 뿌리에 접근하는 것, 다시 말해 존재의 원천, 곧 창안 및 형상을 주는 설계의 차원, 피조물의 차원으로 전진하는 것이 나의 질문의 본성 안에 있기 때문이다.

   그렇다면 철학적 질문이 그 어떤 적절한 답변도 받을 수 없는 이유는 무엇인가? 실재적 사물들, 모든 실재적 사물들은 왜 궁극적으로 파악될 수 없는가? (왜냐하면 어떤 사물을 파악한다는 것, 포용한다는 것은 그것이 그 자체로 알려질 수 있는 그대로 그것을 완전하게 안다는 것, 사물들 안에서 알려질 수 있는 것을 그 어떤 것도 빠뜨리지 않은 채 현실적인 지식으로 변형시키고, 그래서 실증적으로 '현실태에 있지' 않은 것은 아무것도 남아 있지 않게 된다는 것을 의미하기 때문이다. 철학적 질문이 자연적으로 추구하고 있는 것은 바로 이런 포괄적인 대답이다.) 유한한 정신은 왜 결국 그런 포괄적 지식을 획득할 수 없는가? 그 답변은 '우리가 지식으로 변형시키려 시도하고 있는 존재의 인식 가능성은 그것이 창조주에 의해서 창조적으로 생각됨에서 성립되기 때문이다.'

이리하여 우리의 인간적 지식은 어떤 어둠의 벽을 마주하고 있는 것이 아니다. 오히려 우리의 정신이 도달할 수 있는 날카롭게 그어진 경계란 없고, 그 때문에 철학의 어떠한 "폐쇄된 체계"도 가능하지 않다. 그런데 폐쇄된 체계적 정식화에 대한 이 거부로 나는 철학 전체가 혼란스러운 질문의 카오스 안에서 상실된다는 것을 시사하려는 것이 아니다. 그것은 소진될 수 없기 때문에, 어떤 폐쇄된 철학 체계의 배타적 주장들을 무효화시키고, 그 자체로 고도로 일관된 사고 구조를 가능하도록 만들어준다. 그것이 궁극적으로 소진될 수 없는 신적 '원천'(fons)으로부터 유래된다는 사실은 철학 행위를 수행하는 데 있어서 무한한 것을 향해 애쓰는 어떤 희망으로 우리를 자극한다.

그렇다면 성 토마스 가르침의 적시성은 긍정적으로와 부정적으로 과연 무엇에서 성립된단 말인가? 우리가 그것이 포함하고 있는 근본적 진리들을 우리 자신의 것으로 만드는 한에서, 우리는 현대 철학 안에서 진리의 '기회'를 보다 깊이 인정하고 그것을 수용할 수 있게 된다. 이 '기회'가 보다 깊이 파악되고 일리 있게 확립되는 한에서, 우리는 (사실 이것이 더 중요한 일인데) 현대 철학의 내속하는 위험이 단적으로 부정적인 것으로 배격되어야 하는 대신에,

극복될 수 있다는 것을 보여줄 수 있게 된다.

물론 이 한 가지 지표가 성 토마스 가르침의 적시성을 다 소진하지는 못한다. 우리는 긍정적인 관점과 부정적인 관점 둘 다로부터 철학적 진리 탐구가 희망에 의해 조건 지어져 있다는 그의 가르침과 마찬가지로 적시적일 수도 있는 많은 다른 명제들을 검토할 수 있다. 예컨대 성 토마스가 이해하고 있는 것과 같은 '공동선'(共同善, bonum commune)이라는 관념은, 나에게는 점점 더 "전체주의적 노동 세계"가 되어가고 있는 세계 안에서 직접적인 정치적 상관성으로 나타난다. '자연법'(自然法)에 관한 가르침에 대해서도 유사한 이유로 같은 말을 할 수 있다. 혹은 근대 철학의 주의가 특히 '철학적 인간학'에 쏠려 있었기 때문에, 『신학대전』의 가장 두터운 부분인 제2부가 인간과 인간의 "진정한 모상" 연구로 구성되었다는 사실에 주목할 필요가 있다. 그러나 이 모든 것은 여기서는 다만 지나가며 언급될 수밖에 없겠다.

3.7. '순수' 철학의 목적

철학의 내적 구조에 관한 성 토마스의 견해를 다시 고찰해 보기로 하자. 토마스와 현대 실존주의자들 사이의 대화가 오직 철학적 사고의 신학적 토대들이 작동하게 되었을 때에만 가능하다는 것이 명백해졌다. 나는 여기에 성 토마스의 적시성을 위한 또 다른 근거가 아직 있다고 믿는다: 그는 '순수' 철학과 같은 것은 받아들이지 않는다. 이것은 현대 사고에 의해서도 마찬가지로 배격되는 관념이다. 물론 토마스는 지식과 믿음 사이를 명료하게 구별하였다. 이 구별을 확립하고 유지했다는 것은 그의 대표적 성취로 간주된다. 그럼에도 불구하고 그의 신학으로부터 완전히 분리되어 제시되는 '성 토마스의 철학'과 같은 것은 없다.

철학적 질문은 세계의 신비를 겨냥하고 있다. 그것은 사물들이 근본적으로 무엇인지에 관심을 기울인다. 그렇다면 '근본적으로'라는 용어가 의미하는 것은 무엇인가? (우리가 이제껏 발전시키려고 시도한) 토마스의 답변은 '근본적으로'가 '로고스 안에서'를 의미한다는 것이다. 플라톤주의자들이 '관념적 형상들'(Ideal Forms)에 대해 말할 때, 토마스는 (그 자신이 선언하고 있는 것처럼) 똑같은 의미로 '신적 로고스'(Divine Logos)에 대해 말한다. 토마스의 정확한 어휘들은 이것을 좀 더 명료하게 만든다:[11] "이 관념들의 자리에 (loco harum idearum) 우리는 다만 '하느님의 아드님'과 '하느님의 말씀'을 가지고 있다."[12] 세계에 대한 그들 나름의 해석들에서, 플라톤주의에서 만물과 영혼의 원형(元型)이라는 가르침이 차지하고 있는 것과 똑같은 자리에 서방 그리스도교적 존재론에서는 로고스의 교리, 또는 아우구스티누스의 빛나는 정식을 인용하자면, "모든 원초적인 살아 있는 형상들로 풍요로워진" 하느님의 창조적 "기예"[13] 교리가 차지하고 있다. 이와 같은 조건들 아래에서 철학적 성찰이 어떻게 신학의 영향을 받지 않은 채 순수하게 유지되었겠는가?

다른 한편, 키에르케고르로부터 하이데거, 마르셀, 사르트르에게로 이어지는 실존주의적 사고 안에서 특징적이고 자극적이며

---

11. *In Ep. ad Col.*, c.I, lect.4.
12. "관념들의 자리에"라는 동일한 표현이 다른 구절에서도 성 아우구스티누스의 입장을 가리키는 데 사용된다. "아우구스티누스는 플라톤을 따라, 이것이 가톨릭 신앙과 양립될 수 있는 한에서, 사물들의 자기-자립적인 본원적 유형을 받아들이지 않았다. 그것들의 자리에(loco earum) 그는 사물들의 본원적 유형들이 하느님 안에 존재하는 것으로 간주하였다." Cf. *De Spiritualibus Creaturis*, a.10, ad8.
13. *De Trinitate*, VI, c.10.

참으로 '적시적'인 것은 정확히 이것이다. 곧 궁극적 입장들이 명료하게 눈앞에 보인다는 것이다. 그러나 종종 엄밀한 의미에서 "신학"의 질문이 없다. 그럼에도 불구하고 예컨대 사르트르가 그것들을 설계할 수 있는 창조적 신이 존재하지 않기 '때문에' 자연적 사물들의 '본질', 그리고 특히 인간의 '본질'과 같은 것은 없다고 주장할 때,[14] 그가 자기 철학의 이 근본적 명제를 '신앙조목'(信仰條目)에 근거해서 확립하고 있다는 것이 명백하다. 그리고 진정한 철학이 오로지 진정한 신학과 연결될 때에만 존재할 수 있다는 것도 분명하다. 그런데 우리는 현대 실존주의의 형상적 구조로부터, 신학으로부터 조심스럽게 분리된 '순수' 철학이란 오늘날 사람들을 만족시키는 데 실패한다는 것을 관찰할 수 있다. 서구 철학적 사변의 기원과 원형을 고찰해보자면, 플라톤은 신화와 고대인들로 돌아섬으로써 철학의 완성을 정초하려 시도했고, 아리스토텔레스는 존재에 관한 철학적 가르침을 '신학'(theologia)이라 불렀으며, 아우구스티누스에게는 진정한 철학적 행위가 신앙의 행위로 시작된다. 서구 지식 탐구의 이런 씨앗 형식들을 고려할 때, 우리는 그것들이 성 토마스 아퀴나스의 가르침 안에서 긍정적이면서 동시에 교정적인 적시성을 달성한다는 것을 깨닫게 된다. 그 이유는 토마스의 가르침이 그것들의 가장 착실하고 가장 날카롭게 정의되고 또 가장 결정적으로 통합적인 실현이기 때문이다. 다만, 이 가르침의 구조가 현대인들의 정신에 좀 더 명료하게 그리고 설득력 있게 제시되었더라면!

---

14. Sartre, *L'existentialisme*, p.22.

3.8. 태도로서의 '토미즘'

성 토마스의 가르침을 고찰하는 데 있어서, 우리는 그것을 단지 명시적으로 정식화된 일련의 가르침들의 질료적 실체로서만 이해해서는 안 된다. 매우 드물지만 우리는 그 내용의 실체가 인간적일 뿐만 아니라 지성적이기도 한 성 토마스의 매우 특수한 태도에 기원을 두고 있다는 사실을 기억한다. 그것은 이 태도가 그의 업적을 그 특수한 강조로 물들인다는 의미에서뿐만 아니라, 또한 이 특별한 인간적 태도가 없이는 우리에게 글로 전해지는 그의 가르침이 결코 쓰일 수 없었으리라는 의미에서도 그러하다.

따라서 (토마스 자신은 결코 명시적으로 그것을 정식화한 적이 없지만) 우리가 이 태도, 이 정신의 기질, 다시 말해 파리대학의 젊은 탁발 수도자를 움직여 전통 가르침의 옹호자들과의 대립에도 꺾이지 않고 아리스토텔레스 세계관의 진리성을 '인정'하고 그것을 서방 그리스도교 지적 유산의 본질적 일부로 재통합할 수 있게 만든 용감한 대담성을, 그리스도교 보편적 박사의 '이성'[15]의 정신의 본질적 부분으로 간주해서는 안 된단 말인가? 그리고 이렇듯 용감하게 진리 및 실재를 인정하는 개인적 "유형" 속에서, 모범적 태도라는 의미에서 "적시성"의 요소를 보아서는 안 된단 말인가?

명시적으로 말해진 것의 질료적 실체에 대한 고찰로 한정되는 토미즘은, 인간을 전적으로 새로운 문제들에 직면하도록 하고 또 그를 이전에는 거의 건성으로 지나치던 실재들과 접촉하도록 만드는 때가 오게 되면, 필연적으로 부적절하다는 것이 드러난다.

---

15. 교회법 제1366조 제2항에서 성 토마스의 가르침을 신학생들의 철학 및 신학 훈련을 위해 의무적이라고 못박았다: *Codex Juris Canonici*[1917], canon 1366, sect.2. 그것은 성 토마스의 가르침과 원리들뿐만 아니라 그 방법에 대해서도 언급하고 있다.

오늘날과 같은 시대에는 토마스가 누구인지를 알려주는 고유한 성질들, 곧 모든 것을 포용하고 두려움 없는 그의 단언의 힘, 실재 전체에 대한 관대한 수용, 그의 사상의 신뢰에 찬 웅지(雄志) 등을 떠올리는 것이 거의 명령에 가깝다. 그리고 우리는 또한 이런 태도에 대한 형상적이고 이론적인 정당화가 정확하게 무한히 다면적인 사물들의 진리성에 관한 토마스의 가르침에서 발견된다는 것을 기억하고 싶다. 진리는 그 어떤 (인간적) 지식에 의해 소진될 수 없다. 따라서 그것은 언제나 새로운 정식화에 열려 있는 채로 남아 있다.

다른 한편, 우리가 여기서 "토마스적인 태도"라고 부르는 것은 그 스승에 진실되게 남아 있기 위해서, 그 진리 유산의 단 한 조각도 포기해서는 안 되는 단호함을 포함하고 있어야 한다. 왜냐하면 새로운 관념들을 위해서 전통의 영역을 부수고 포기하기를 거부한 것이 알베르투스와 토마스의 "근대 정신"(modernitas)의 특질이기 때문이다. 그들은 아리스토텔레스를 위해서 성경도 아우구스티누스도 (그리고 따라서 플라톤도) 포기하지 않았다.

오늘날 정복을 기다리는 (또는 좀 더 정확하게 말하자면, 이미 정복되었지만 아직 전유[專有]되지 않고 철학적 사변이 사용하도록 내맡겨진) 새로운 영역은 잠재적으로 측량할 수 없을 정도로 광대하다. 그렇지만 그 영역들 가운데 일부는 지적될 수 있을 것이다. 첫째, 물리학과 생리학에 의해서 열린 새로운 영역들이 있다. 둘째, 심층 심리학의 발견들에 의해서 시야에 나타난 새로운 심리(정신)의 차원, 셋째, 그리스도교적인 철학적 해석의 지적 구조와 그리스도교적인 생활 방식 속에 흡수될 준비를 갖추고 있고 또 그럴 필요가 있는 동방의 지혜가 있다. 혹은 이 지혜를 통해 매우 특별한 방식으로 풍요로워질 필요가 있는 것은 어쩌면 우리 자신일지도 모른다.

이런 맥락 전체 속에서 토마스 아퀴나스는 긍정적이기도 하고 또 교정적이기도 한 새로운 적시성을 획득하게 될 것이다.

3.9. 진리와 적시성

토마스가 (그 범위와 주장이 때로는 놀라게 만드는) 저 뚜렷한 권위를 배당받는 것은 어떤 개별적인 "위대한 사상가"로서도 아니고, 그렇다고 "하나의 천재"로서도 아니다. 토마스는 어떤 "도구"(instrumentum)의 지위와 같은 것을 지니고 있다. 우리는 그가 위대한 고전적 법전 가운데 하나인 『교회법』(Codex Juris Canonici)에서 정통교리의 표준으로 인용되는 것을 본다. 최근 한 교황의 회칙(Pius XI, *Studiorum Ducem*[1923])은 교회가 그의 가르침을 자신의 가르침으로 받아들인다고 선언하고 있다. 그렇지만 그 동일한 회칙은 우리에게 명시적으로 불모적인 모방의 위험을 경계하며 토마스의 업적 안에서 시간에 조건 지어져 있던 것을 영속화하려는 의도가 없음을 보여주고 있다. 그러나 그것은 의심의 여지없이 그의 가르침 안에서 (다른 거룩한 그리스도교 스승들의 업적과는 구별되는) 인류의 전통적 지혜의 몸체, [곧] 단적으로 진리가, 전적으로 존경할 만하고 탁월하게 모범적인 방식으로 표현되었다고 표명하고 있다.

정확히 이 모범적 방식이 어떤 것인지는 쉽사리 입증될 수 있는 것이 아니다. 왜냐하면 성 토마스의 독특한 입장 안에서 전통의 힘들의 부수적 효과 이상을 보고 '지성적 획일성'을 도모하는 교회 정치의 어떤 훈육 행위 이상을 보는 사람들은 자신들이 거듭거듭 다음과 같은 질문에 직면하고 있음을 발견할 것이기 때문이다: 성 토마스를 '보편적 박사'(Doctor Communis)가 되게 만든 원인은 정확히 무엇인가?

케케묵은 13세기의 한 저자가 얼마나 오래 적시적 관심사가 될 수 있는지에 대한 회의적인 질문은 부적절한 것으로 치워둘 수도 있을 것이다. 그러나 강조점이 좀 더 강화됨과 더불어 또 한 가지 생각이 떠오른다: 진리에서의 결정적인 요소는 그 적시성이 아니라 그 진리성이다. 그렇다면 마치 진리가 그런 어떤 재가를 필요로 하기라도 하는 양 진리를 위한 적시성의 재가를 보장하려는 이 노력의 용도는 대체 무엇이란 말인가?

이 질문에 대한 대답은 여러 측면을 지니고 있다. 적시성이 그 자체로 진리를 위한 척도가 아니라는 사실은 명백하다. 그러나 진리의 진실됨과 적시성이 놀라울 정도로 상관된다는 것도 마찬가지로 명백하다.

무엇보다 먼저, 오직 진리만이 참으로 적시적이다. 오직 진리만이 어느 주어진 시대의 기회와 위험들에 상응할 수 있다. 그것은 긍정으로도 교정으로서도 상응한다.

다른 한편, 진리의 충만성은 어떤 중립적이고 냉정한 정신에게는 결코 파악될 수 없다. 오로지 진지하고 절박한 실존적 문제에 대한 답을 추구하는 정신만이 그것을 파악할 수 있다. 그런데 이 절박성은, 오직 개개인과 공동체가 직접적으로 경험하는 어떤 실재적 상황에 의해서만 분발될 수 있다. 이것이 의미하는 것은 그 '적시성'이 좀 더 힘차게 부각되면 될수록, 진리가 진리'로서'(qua) 더욱 심층적으로 알려지게 된다는 것이다. 그것은 또한 자신의 시대를 좀 더 강렬한 마음과 좀 더 충만한 영적 자각으로 경험하는 사람에게는 진리의 조명적 힘을 경험할 기회가 좀 더 많이 주어진다는 것을 의미한다. 그로써 진리의 응답적 힘이 직접적 현재에 초점이 맞춰지게 되는 그 적시성과 더불어, 비교할 수 없을 정도로 압박을 가하며 시간 전체를 뛰어넘는 진리의 영원한 타당성은

[곧] 드러나게 될 것이다.[16]

  이것은 진정한 교사의 결코 끝나지 않는 두 가지 과제를 뚜렷이 드러낸다. 하나는 진리의 총체성을 성찰하는 것이고, 다른 하나는 항구하게 탐색하는 명상 안에서 진리의 적시성이 자기 자신의 시대에 어떤 점에 놓여 있는지를 발견하고 지적하는 것이다.

---

16. 여기서 롯츠 신부의 한 논문을 참조할 수 있을 것이다: Johannes B. Lotz, SJ, "Vom der Geschichtlichkeit der Wahrheit", in *Scholastik* 27(1952). 그의 논조는 다음과 같다: "한편, 인간은 진리를 추구한다. … 하지만 반면에, 바로 그 진리 자체 때문에, 그는 자신의 진리를 '깨달아야' 한다. … 왜냐하면 오직 이런 방식으로만 진리는 실재적으로 자기 자신의 소유가 될 것이고, 중요한 경험 영역들에서 진리로서 경험될 것이기 때문이다."(p.503)

| 저자후기 |

본서의 두 번째 논고와 세 번째 논고는 한 가지 토론거리를 제공한다. 혹자는 토론거리가 아니라 논쟁거리라고 말할지 모른다. 만일 그것들의 요점을 놓쳐서는 안 된다면, 마음속에 새겨두어야 한다.

토론은 무엇보다도 화자가 동조하고 있는 것들이 배경으로 밀려난다는 것이다. 완전한 동조는 토론을 배제한다. 하지만 '화음(和音)'은 각 구성원들이 자신의 고유 관점을 끝까지 견지하는 것을 전제할 때 가능하다.

여기서 표현된 것은 한 개인이 기여할 만한 가치가 있다고 생각한 것들이다. 이것은 그가 자신의 대화 상대방 또는 심지어 자신의 논적과 모든 점에서 의견을 달리한다는 것을 함축하는 것이 아니다. 하지만 그는 자신의 특수한 목소리를 공동의 합창에 추가하는 것을 가치가 있다고, 아니 심지어 필요하다고 생각한다.

좀 더 명시적으로 표현하자면, "인간 인식은 참되면서도 동시에 충만하게 흡족한 것은 아니다." 예컨대 이 명제를 수용하는 것은 이 책의 저자와, 논쟁에서의 상당수 그의 논적을 위한 공동의 토대를 제공해준다. 이 문장은 잘 알려져 있는 것처럼, 철학 교본들과 고유 맥락에서의 교재들 안에 흔하게 인용된다. 하지만 이런 출판물들 안에 있는 견해의 분위기는 1차적으로 그 다소 모순적인 명제의 최초의 긍정적 원인에 주로 조건 지어져 있다. 이것은 이해할 수 있는 일이고, 또 어느 정도까지는 불가피한 측면도 있다. 교재들은 가르침들과 '해결책들', 곧 그것들의 성격과 기능을 전해주는 데 관심이 있다. 그러나 이 철학 교재들이 비록 불가결하다고는 하지만, 그것들은 동시에 그리고 아주 자연스럽게 위험, 곧 우리 인식의 부정합성을 부정할 위험이 아니라, 그것을 가릴 위험을 안고 있다.

이 때문에 본 논고의 강조점은 문제의 명제의 '부정적' 절에 놓여 있었다.

인간 인식의 부적합성은 우리가 과학적 탐구 영역을 떠나 철학의 영역으로 들어올수록 점증하는 의미를 가지고 있다. 이것은 철학의 영역에서는 가르침의 구도 안으로 조직화될 수 있는 어떤 '긍정적인' 열매들과 결과들을 얻을 수 없다는 것을 의미하는 것으로 해석되어서는 안 된다. 얻을 수 있다. 하지만 그 대답들은 엄밀하게 철학적인 것들이다. 이것은 형이상학적 탐구가 어떤 과학적 해결책과 동일한 목적을 가질 수는 없다는 것을 의미한다. 예컨대, 인식의 근본적 본성에 관한 탐구가 결론을 내는 데 있어서 어떤 특수한 질병의 세균은 무엇이냐는 질문에 대해 대답을 하는 것과 동일한 방식일 수는 없다. 더욱이 철학적 탐구 과정에서 도달할 수 있는 답변들은 어떤 완전한 '체계'를 세우기에 충분하지 못하다. 성 토마스가 자신의 『형이상학 주해』에서 말한 것처럼, 존재의 가르침에 관한 철학적 탐구에서는 어떤 작은 비율 또는 '약간의' 결과를 얻을 수 있을 뿐이다. 하지만 이 약간의 비율은 다른 어떤 과학들에 의해 발견된 그 어떤 것보다도 훨씬 더 큰 무게를 가지고 있다.[1]

본서에서 강조하는 바는 철학적 사유의 적극적인 성취보다는 그에 못지않은 중요한 결과, 곧 인간이 자신의 철학적 탐구에서 거듭거듭 실재가 그 깊이를 헤아릴 길 없는 것이라는 경험과 마주친다는 점과, 존재는 신비라는 점에 놓여 있다. 이 경험은 사실 우리로 하여금 침묵보다 그리 많은 말을 하지 않도록 촉구한다. 하지만 그것은 체념의 침묵이나 더더욱 절망의 체념일 수 없고, 경외심에서 우러나오는 침묵일 것이다.

---

1. Ea autem scientia, quae propter se tantum quaeritur, homo non potest libere uti, cum frequenter ab ea impediatur propter vitae necessitatem. Nec etiam ad nutum subest homini, cum ad eam perfecte homo pervenire non possit. Illud tamen modicum quod ex ea habetur, praeponderat omnibus quae per alias scientias cognoscuntur(그런데 오로지 그 자체 때문에 추구되는 학문은, [종종 삶의 필요로 인해 방해를 받기 때문에] 인간이 자유롭게 활용할 수 없다. 그렇다고 인간의 재량에 맡겨져 있지도 않다. 왜냐하면 인간은 그것에 완전하게 도달할 수 없기 때문이다. 그럼에도 불구하고 그것으로부터 획득하는 그 '조금'은 다른 학문들을 통해 알게 되는 모든 것들보다 더 가치가 있다). *In Metaph.*, I, lect.3, n.60.

| 성 토마스 관련 주요 연표 |

1193 　　(?)알베르투스 마뉴스 탄생
1194 　　프리드리히 2세 황제 탄생
1221 　　사부(師父) 도미니쿠스 선종
1224 　　프리드리히 2세 황제에 의한 나폴리대학 설립
1224/5 　토마스 탄생
1226 　　아씨시의 성 프란치스쿠스 선종
1226 　　프랑크 왕국 성 루이 9세 대관식
1230-39 　토마스, 몬테카시노 헌납
1239 　　토마스, 나폴리대학 도착
1244 　　토마스, 도미니코회 입회
1244-45 　산조반니 성채(로카세카) 연금
1245 　　리옹공의회, 프리드리히 2세 폐위
1245 　　토마스, 파리 도착. 알베르투스 마뉴스의 교육활동 시작
1248 　　토마스, 스승 알베르투스 마뉴스와 함께 쾰른행. 쾰른 대성당 정초식
1250 　　프리드리히 2세 서거
ca.1250 　파리 노트르담 대성전 완공
1252 　　토마스, 학사로서 파리 귀환
　　　　『존재자와 본질』(1254-56), 『명제집 주해』(1254-56)
1254-73 　독일의 정치공백기(interregnum)

1256	토마스, 보나벤투라와 함께 노트르담 총장으로부터 완전한 교수 자격 획득 『진리론』(1256-59), 『이사야서 주해』(1256-59), 『삼위일체론 주해』(1257-58)
1259	토마스, 이탈리아 귀국 『대이교도대전』(1259-64)
1260-64	우르바노 4세 교황의 교황청 강사 소임 성체성혈대축일 성무일도 기도문안 작성(1264)
1264	우르바노 4세 교황 선종. 토마스 로마행 『권능론』(1265-67), 『신학대전』(1266-73)
1265	단테 탄생
1267-69	토마스, 비테르보의 클레멘스 4세 궁정에 파견됨 『군주통치론』, 『예레미야서 주해』(1267-69)
1268	마지막 신성로마제국 황제 콘라딘 참수(나폴리)
1269-72	토마스, 제2차 파리대학 체류 『악론』(1269 이후), 『덕론』(1269-72), 『아리스토텔레스 주해』, 『요한복음서 주해』(1269-72), 『바오로서간 주해』(1269-73), 『신학 요강』(1272-73)
1270	프랑크 왕국 루이 9세 선종
1272	토마스, 나폴리 체류
1273	합스부르크 왕가 루돌프 황제 등극
1274	토마스 아퀴나스 선종(포사노바, 3월 7일)
1280	알베르투스 마뉴스 선종
1321	단테 선종
1323	성 토마스 아퀴나스 시성(교황 요한 22세)
1567	성 토마스, 교회 박사(Doctor Ecclesiae)로 선포됨(교황 성 피우스 5세)

| 참고문헌 |

1. 피퍼의 주요 작품

A Brief Reader on the Virtues of the Human Heart, tr. Paul Duggan, San Francisco, Ignatius, 1991.

A Plea for Philosophy, in *For the Love of Wisdom*, 2006, pp.81-156.

Abuse of Language-Abuse of Power, tr. Lothar Krauth, San Francisco, Ignatius, 1992.

Alles Glück ist Liebesglück. Selbstlosigkeit und/oder Glücksverlangen in der Liebe[1992], in *Werke*, 8.1(2005), pp.339-356.

Arbeit, Freizeit, Musse-Was ist einer Universitaet?[1989], in *Werke*, 7.2(2008), pp.532-48.

Death and Immortality, tr. Richard & Clara Winston, South Bend(IN), St. Augustine's, 2000.

Enthusiasm and Divine Madness: On the Platonic Dialogue 'Phaedrus', tr. Richard & Clara Winston, South Bend(IN), St. Augustine's, 2000

Faith, Hope, Love, San Francisco, Ignatius, 1997.

For the Love of Wisdom: Essays on the Nature of Philosophy, tr. Roger Wasserman, San Francisco, Ignatius, 2006.

Guide to Thomas Aquinas, tr. Richard & Clara Winston, San Francisco, Ignatius, 1991.

Happiness and Contemplation, Richard & Clara Winston, San Francisco, Ignatius, 1998.

Hope and History, tr. David Kipp, San Francisco, Ignatius, 1994.

In Search of the Sacred: Contributions to an Answer, tr. Lothar Krauth, San Francisco, Ignatius, 1991.

In Tune with the World: A Theory of the Festivity, tr. Richard & Clara Winston, South Bend(IN), St. Augustine's, 1999.

Josef Pieper Lesebuch, pref. H. U. von Balthasar, München, Koesel, 1981, 1990.

Leisure-The Basis of Culture, tr. Gerald Malsbary, South Bend(IN), St. Augustine's, 1998.(*국역본)

Living the Truth, tr. Lothar Krauth and Stella Langa, San Francisco, Ignatius, 1989.

No One Could Have Known. An Autobiography: The Early Years, tr. Graham Harrison, San Francisco, Ignatius, 1987.

Not Yet the Twilight. An Autobiography 1945-1964, South Bend(IN), St. Augustine's Press, 2017.

Only the Lover Sings: Art and Contemplation, tr. Lothar Krauth, San Francisco, Ignatius, 1990.

Problems of Modern Faith: Essays and Addresses, tr. Jan van Heurck, Chicago, Franciscan Herald Press, 1985.

Reality and the Good, tr. Stella Langa, in *Living the Truth*, 1989, pp.107-177.(*국역본)

Scholasticism: Personalities and Problems of Medieval Philosophy, tr. Richard & Clara Winston, South Bend(IN), St. Augustine's, 2001.(*국역본)

The Concept of Sin, tr. Edward Oakes, South Bend(IN), St. Augustine's, 2001.

The End of Time: A Meditation on the Philosophy of History, tr. Michael Bollock, San Francisco, Ignatius, 1999.

The Four Cardinal Virtues: Prudence, Justice, Fortitude, Temperance, tr. Daniel Coogan, Notre Dame, University of Notre Dame Press, 1966, 2006.

The Human Wisdom of St. Thomas: A Breviary of Philosophy from the Works of St. Thomas Aquinas, tr. Drostan MacLaren, San Francisco, Ignatius, 2002.

The Truth of All Things: An Inquiry into the Anthropology of the High Middle Ages, tr. Lothar Krauth, in *Living the Truth*, 1989, pp.8-105.(*국역본)

Tradition: Its Sense and Aspiration, in *For the Love of Wisdom*, 2006, pp.233-294.

Werke in achte Bänden, ed. Berthold Wald, 11 vols., Hamburg, Felix Meiner, 1995-2008.

What Catholics Believe, tr. Christophe Huntington, South Bend(IN), St. Augustine's, 2006.

What Does It Mean the Philosophize?, in *For the Love of Wisdom*, 2006, pp.27-80.

What Is Interpretation?, in *For the Love of Wisdom*, 2006, pp.209-232.

2. 피퍼에 관한 주요 연구물

Akwali Okafor, Simon, *Pieper's Theory of Festivity: Towards a Philosophy of Nigerian Education*, Ph.D. Dissert., Columbia University, 1982.

Berro, Alberto, "Pieper und Guardini auf Burg Rothenfels. Eine fruchtbare Begegnung", *Theologie und Glaube* 95(2005), 332-346.

Dominaci, Caterina, *La filosofia di Josef Pieper in relazione alle correnti filosofiche e culturali contemporanea*, Univ. di Bologna, Ph.D. Dissrt., 1980.

Eliot, Thomas S., "Introduction", in Joseph Pieper, *Leisure-The Basis of Culture*, tr. Alexander Dru, New York, Pantheon, 1952, pp.11-17.

Fechtrup, Hermann, et als.(eds.), *Auklärung durch Tradition. Symposium aus Anlass des 90. Geburstags von Josef Pieper, Mai 1994 in Münster*, Münster, Litt, 1995.

Fechtrup, Hermann, *Wissen und Weisheit. Zwei Symposien zu Ehren von Josef Pieper(1904-1997)*, Münster, Litt, 2005.

Fischges, Willi, *Richtigsein der Person. Eine Untersuchung zur Tugendlehre Josef Piepers*, Roma, Angelicum, Ph.D. Dissert., 1997.

Flackmann, Holger(ed.), *Europäische Werte denken. Josef Pieper-Philosoph, Lehrer, Autor*, Münster, Universitäts-und Landesbibliothek Münster, 2005.

Haas, John M., "Come Pieper ripensa Tommaso d'Aquino", in Bernard Schumacher(ed.), *La filosofia cristiana del Novecento(1). Josef Pieper*, Roma, Edizioni Romane di Cultura, 1997, pp.51-66.

Haas, John M., *The Holy and the Good: The Relationship between Religion and Morality in the Thought of Rudolf Otto and Josef Pieper*, Ph.D. Dissert., Washington, 1988.

Homenaje a Josef Pieper en el Centenario de su Nacimiento, spec. numb. of the review *Sapientia* (Buenos Aires) 59(2004).

Hoye, William J., "Die Grundstrukturen des guten Menschen nach Josef Pieper. Die vier Kardinaltugenden", in Hermann Fechtrup et als.(eds.), *Wissen und Weisheit*, 2005, pp.173-197.

Kimbal, Roger, "Josef Pieper: Leisure and Its Discontents", in ID.,

Experiments against Reality: The Fate of Culture in the Postmodern Age, Chicago, Ivan Dee, 2000, pp.335-350.

Koch, Erich, "Angekommen, wo wir aufgebrochen: Josef Pieper", *Communio*, 27(1998), 76-82.

Kranz, Gisbert, "Der Philosoph und der Dichter. Zum Werk von Josef Pieper", *Salzburger Jahrbuch für Philosophie* 20(1975), 137-151.

Kunisch, Hermann, "Sapientis est ordinare. Josef Pieper zum 85. Geburtstag", *Communio* 18(1989), 267-275.

Lauand Luiz J., "Metodo y Lenguaje en el Pensamiento de Josef Pieper", *Sapientia* 59. no.216(Homenaje a Josef Pieper) (2004), 433-454.

Lauand Luiz J., *Introdução à filosofia da Educação de Josef Pieper*, Universitad de São Paolo, Ph.D. Dissert., 1986.

Lewis, John U., "Leisure, Wonder and Awe: An Introduction to Josef Pieper", *Philosophy Today* 17(1973), 197-204.

Lochbrunner, Manfred, "Josef Pieper und Hans Urs von Balthasar", in ID., *Hans Urs von Balthasar und seine Philosophenfreunde. Fünf Doppelportraits*, Würzburg, Echter, 2005, pp.9-53.

McInerny, Ralph, "Review of Pieper's Guide to Thomas Aquin", *Thought* 38(1963), 471-472.

Maier, Hans, "Das Heilige Denken. Zum Werk Josef Pieper", in Hermann Fechtrup et als.(eds.), *Aufklärung durch Tradition*, 1995, pp.27-40.

Meilaender, Gilbert, "Josef Pieper: Explorations in the Thought of a Philosopher of Virtue", *Journal of Religious Ethics* 11/1(1983), 114-134.

Morkel, Arnd, "Josef Pieper und die Idee der Universität", *Theologie* und Glaube 94(2004), 332-350.

Mrso, Ivica, *Culture and Religion in the Writings of Josef Pieper*, Ph.D. Dissert., 2001.

Mueller, Klaus, "Über das rechte Verhältnis von Philosophie und Theologie. Josef Pieper im Kontext einer neu entfachten Debatte", in Hermann Fechtrup et als.(eds.), *Die Wahrheit und das Gute*, Münster, Litt, 1999, pp.75-93.

O'Connor, Terrence J., *A Study of the Concept of Wisdom in the East and West in the Philosophies of Sarvepalli Radhakrishnan and Josef Pieper*, Ph.D. Dissert., 1972.

Padron, Hector J., "Josef Pieper y la reflexion sobre et lito y la cultura", *Sapientia* 59, no.216(Homenaje a Josef Pieper)(2004), 469-489.

Pellegrino, Ubaldo, "Crisi dell'uomo e metafisica in Josef Pieper", in Bernard Schumacher(ed.), *La filosofia cristiana del Novecento(1). Josef Pieper*, 1997, pp.31-40.

Pellegrino, Ubaldo, "Verita e antropologia in Josef Pieper", in Josef Pieper, *Verita delle cose*, Milano, Massimo, 1981, pp.5-28.

Putalaz, Francois-X., "Josef Pieper y el tomismo medieval. La controversia sobre la creacion", *Sapientia*, 59, no.216(Homenaje a Josef Pieper)(2004), pp.491-506.

Roldan, Juan P., "Algunas consideracionae sobre J. Pieper y el tema del mal en la problematica filosofica contemporanea", *Sapientia*, 59, no.216(Homenaje a Josef Pieper)(2004), pp.507-514.

Schumacher, Bernard, "Deux philosophes contemporains allemands de l'esperance. Ernst Bloch et Josef Pieper", *Revue de Metaphysique et de Morale* 104(1999), 105-132.

Schumacher, Bernard, "Josef Pieper, *Werke in achte Bänden*, vol.III and vol.IV", *The Thomist* 63(1999), 167-171.

Schumacher, Bernard, "Le loisir comme fondement de la culture", in Josef Pieper, *Loisir, fondement de la culture*, tr. Pierre Blanc, Geneva, Ad Solem, 2006, pp.5-12.

Schumacher, Bernard, "Philosophie de la culture: L'influence de Josef Pieper dans la pensee de Josef Pieper", *Kephas* 5/1(2006), 127-133.

Schumacher, Bernard, *A Philosophy of Hope: Josef Pieper and the Contem-porary Debate on Hope*, tr. David C. Schindler, Jr, New York, Fordham University Press, 2003.

Schumacher, Bernard, "Tradition al encuentro de la modernidad. Josef Pieper(4.V.1904-6.XI.1997)", *Themata. Revista de Filosofia* (Sevilla) 19(1998), 309-312.

Schumacher, Bernard(ed.), *La filosofia cristiana del Novecento(1). Josef Pieper*, Roma, Edizioni Romane di Cultura, 1997.

Schumacher, Bernard(ed.), *A Cosmopolitan Hermit: Modernity and Tradition in the Philosophy of Josef Pieper*, Washington, Catholic University of America Press, 2009.

Solett, Jörg, "Gentleman und Christ. Ein Bild geglückten Menschenseins bei Josef Pieper", in Hermann Fechtrup et als. (eds.), *Das Wahrheit und das Gute*, 1999, pp.51-74.

Sturm, Vilma, "Das Menschenbild im Werk Josef Pieper", in *Pädagogische Rundschau* 3(1949), 11-17.

Thomas, Anita J., *Sin and Self-Deception: A Constructive Statement Using Elements from the Thought of Josef Pieper and from the Psychological Discussion of Self-Deception*, Ph.D. Dissrt. Southern Methodist University, 1992.

Vickery, Jon, "Searching for Josef Pieper", *Theological Studies*

66(2005), 622-637.

Wald, Berthold, "Abendländische Tugendlehre und moderne Moralphilosophie", in Josef Pieper, *Werke*, vol/4(1996), pp. 415-435.

Wald, Berthold, "Aktualisierung durch Enthistorisierung. Zu einem Brief von Josef Pieper an Gustav Gundlach aus der Zeit der NS-Diktatur", *Philosophisches Jahrbuch* 104(1997), 175-181.

Wald, Berthold, "Editorische Hinweise", in Josef Pieper, *Werke*, vol.1(2002), pp.385-388.

Wald, Berthold, "Josef Pieper. Un dottore della chiesa del mondo moderno ovvero verita e realta e attualita di san Tommaso d'Aquino", *Rivista teologica di Lugano* 11(2006), 21-35.

Wald, Berthold, "Josef Pieper als Interpret des Thomas von Aquin. Anmerkungen zur philosophischen Hermeneutik und zur Wahrheit der Interpretation", *Doctor communis* 4(2003), 168-179.

Wald, Berthold, "Der linke Pieper und das Dritte Reich", *Die Neue Ordnung* 59(2005), 278-293.

Wald, Berthold, "The Notion of Truth in Josef Pieper's Works", *Sensus communis* 4(2003), 113-122.

Wald, Berthold, "Philosophie in der modernen Welt. Zum 100 Geburtstag on Josef Pieper", in Holger Flachmann(ed.), *Europaische Werte denken. Josef Pieper*, 2005, pp.28-48.

Wald, Berthold, "Philosophierende Interpretation. Josef Pieper über die Aktualität von Platon und Thomas von Aquin", *Theologie und Glaube* 94(2004), 314-331.

Wald, Berthold, "Theologie des 'als ob'. Das Dilemma nichtrealistischer Selbstdeutungen des christlichen Glaubens", in Josef Pieper, *Werke*, vol.7(2000), pp.627-633.

Wald, Berthold, "Valor para la realidad-Valor para la persona. Reafirmacion cristiana como critica de la cultura en la obra temporanea de Josef Pieper", *Sapientia* 59, no.216(Homenaje a Josef Pieper)(2004), pp.559-581.

Wald, Berthold, "Wende zum Menschen", in Josef Pieper, *Werke*, vol.5(1997), pp.399-410.

Wargo, Vincent, "Pieper and the Philosophical Act", *The Modern Schoolman* 80/2(2003), 114-143.

Wisser, Richard, "Philosophieren und Philosophie. Das Denken Josef Piepers und Helmut Kuhns", *Hochland* 59(1966), 153-166.

3. 피퍼의 작품 번역 현황

『그리스도교의 인간상』[1949], 김형수 옮김, 가톨릭대학교출판부, 2018, 122쪽.

『사물들의 진리성』[1948], 김진태 옮김, 가톨릭대학교출판부, 2005, 133쪽.

『실재와 선』[6쇄, 1963], 김진태 옮김, 가톨릭대학교출판부, 2005, 101쪽.

『여가와 경신』[1948], 김진태 옮김, 가톨릭대학교출판부, 2011, 154쪽.

『정의에 관하여』[1953], 강성위 옮김, 서광사, 1994, 143쪽.

『중세 스콜라 철학』[1960], 김진태 옮김, 가톨릭대학교출판부, 2003, 262쪽.

『철학과 아카데미아』(철학함이란 무엇인가 / 대학이란 무엇인가), 박영도 옮김, 종로서적, 1987, 152쪽.

『철학이란 무엇인가[1967] / 사물들의 진리[1944]』, 허재윤 옮김, 이문출판사, 1986, 2쇄, 1990, 257쪽.

(편) 『토마스 아퀴나스 선집』, 박영도 옮김, 이문출판사, 1993,

151쪽.

『토마스 아퀴나스 그는 누구인가』[1958], 신창석 옮김, 분도출판사, 1995, 223쪽.

부록

우주적 은자(隱者) 요셉 피퍼

베르나르 슈마커

1. 청년기에 깊은 영향을 미친 세 만남
2. 철학과 덕의 현대적 선구자
3. 사물들의 진리와 창조 형이상학
4. 인간 인격을 옹호하고 증진시키는 문화 철학

Bernard N. Schumacher, "A Cosmopolitan Hermit: An Introduction to the Philosophy of Josef Pieper", in ID.(ed.), *A Cosmopolitan Hermit: Modernity and Tradition in the Philosophy of Josef Pieper*, Washington, Catholic University of America Press, 2009, pp.1-23.

우주적 은자(隱者) 요셉 피퍼

독일 철학자 요셉 피퍼(Josef Pieper, 1904-1997)는 동시대인들에게 인간학적이고 윤리학적인 문제들에 있어서 건설적이고 비판적이며 특히 결실 풍부한 토론을 계속해서 촉발하고 있다. 그는 인격을, 특별한 역할과 기능으로, 곧 프롤레타리아적 지위로 환원시키는 실용적 사고방식과는 대비되는 문화에 대한 옹호를 정식화함으로써, 그렇게 촉발하고 있다. 그의 사상은, 오늘날의 대학가에서 나오는 학술서들과는 대조적으로, 그 어떤 전문용어나 기술용어로부터도 해방된 생생한 문체로 표현된다: 이런 언어 사용은 그의 사상의 독창성을 수반하고 있고, 다른 어느 누구보다 유명한 영국 작가 클리브 루이스(Clive Staples Lewis)의 칭송을 자아냈으며, 1982년에는 유명한 발잔상(Balzan Prize)을 수상하게 해주었다.[1]

그는 1933년에 결혼해서 세 자녀의 아버지다. 이 "우주적 은자"[2]

---

1. Cf. Josef Pieper, *Eine Geschichte wie ein Strahl*, pp.639-40.
2. 페르디난도 인챠르트(Ferdinando Inciarte)가 1984년 5월 피퍼의 80회 생신 기념일에 그를 그렇게 불렀다. Cf. Pieper, "Gottgeschichte Entrückung, Eine Platon-Interpretation"[1994], in *Werke*, vol.8/1(2005), pp.147-163, at p.147. [*역자주] 필자가 논문의 제목으로도 선택하여, 피퍼를 한마디로 규정하고 있는 수식어 'cosmopolitan'은, 우주 또는 세계를 가리키는 그리스어 '코스모스'(cosmos)와 도시, 정치 등을 뜻하는 '폴리스'(polis)가 합성되어, 어원적으로 우주적(세계적) 규모의 통이 큰 생각, 운영, 정치 등을 가리키고, 우리나라에서는 흔히 '세계주의적', '범세계적', '사해동포적', '세계를 집으로 삼는', '정처 없는' 등으로 번역되고 있지만, 여기에 그대로 적용하기는 아무래도 너무 어색하게 느껴져, 궁여지책으로 그냥 '우주적'(cosmic)과 동의어처럼 간

는 70권 이상의 책을 집필하였고(그것들은 16개의 언어로 번역되었다), 수많은 강연을 하였다. 그는 노트르담대학(1950), 마인츠대학(1954), 뮌헨대학(1958) 등 여러 대학으로부터 강좌 제의를 받았지만 거절하였는데, 그의 강좌들이 (일부 동료들의 질투를 부르기도 하였지만) 큰 호응을 얻은 뮌스터대학을 떠나고 싶지 않았기 때문이었다. 피퍼의 독창적인 사상은 그리스와 그리스도교로부터 나오는 것으로, 그는 자신의 동시대인들과 계속적인 토론을 즐겼다.

요셉 피퍼는 서구 전통의 위대한 철학자들에게 관심을 집중하였다. 그것은 그들이 철학의 황금기를 대변하고 있어서가 아니라, 그들이 현대인에게, 그가 자기 자신에게 묻고 있는 근본적 질문들에 대한 해답을 찾는 데 도움을 줄 수 있기 때문이다. 피퍼는 우리가 '거인의 목말을 탄'[gigantium humeris insidentes] 덕분에 그보다 더 멀리 볼 수 있게 되었다는, 다시 말해 존재의 신비를 좀 더 심층적으로 탐구할 수 있게 되었다는 표현으로 유명한 베르나르두스 드 샤르트르(Bernardus de Chartres)의 태도에 적극적으로 동조한다. 이 뮌스터의 철학자는 이 인간적 사상의 거인들에게 지도를 받기를 거절한 우리의 일부 동시대인들의 입장을 비난한다.[3] 이런 태도를 에티엔 질송(Etienne Gilson)은 잘 요약하고 있다: "우리의 많은 동시대인들은 그 바닥에 그대로 남아 있기를 선호한다. 그들은 자기 자신의 노력으로 어떤 것을 볼 수 없는 한 전혀 아무것도 알지 못한다는 데에 자기들의 자부심을 걸고 있고, [서로서로 자

주하여 단순하게 '우주적'이라고 번역하였다.
3. 예컨대, 토마스 네이글은 자신의 『타인의 마음』의 "머리말"에서, 과거의 가장 철학적인 작품들 안에서 독창성이나 논증적 증거가 결여되었다고 여겨지는 것을, 그것들을 연구하거나 수고할 가치가 없다는 자신의 주장의 구실로 지적한다. Thomas Nagel, *Other Minds: Critical Essays 1969-1994*, Oxford, Oxford University Press, 1995, p.10.

신들이 더 낫다고 보증함으로써] 자신들의 변변찮은 재능에 우쭐하고 있다. 그것에 대한 모든 기억들을 상실한다는 것은 참으로 서글픈 [노년의] 일이다."[4] 그와는 대조적으로 고대 철학자들에 대한 피퍼의 관심은 그들 사상의 진리성에 바탕을 두고 있다. 그의 평생의 좌우명은 '소크라테스에 관해 염려할 것이 아니라,[5] 먼저 우선적으로 진리에 관해 염려하라'는 단 한 문장으로 요약될 수 있을 것이다: "나는 '다른 이들이 어떻게 생각하는지'를 알고 싶은 것이 아니라, '사물들의 진리가 무엇인지'를 알고 싶다."[6] 그는 루이스가 "역사적 관점"(the historical point of view)이라고 묘사한 것[7]에 맹렬하게 반대하였다. 이것은 그의 사상의 '진리성'에 관한 물음과는 별개로, 1차적으로 한 사상가가 의존하고 있는 원천, 그의 사상이 생겨나게 된 맥락, 그리고 그의 생애 전반에 걸친 그의 사상의 일관성에 대한 분석에 관심을 기울인다는 데에서 성립된다. 피퍼는 특별히 제2차 세계대전 이후에, 모든 입장들을 똑같이 유효한 것으로 간주하는 상대주의적이고 역사주의적인 선택을 선호하여 진리를 그 자체로 추구하기를 포기하는 것은, 이성을 배타적으로 "특수하고 지역적인 문제들과, 때로는 심지어 순전히 형식적인 문제들"만을 취급하는[8] 한 단순한 도구적 활동으로 환원할 위

---

4. Etienne Gilson, *The Spirit of Medieval Philosophy*, South Bend(IN), University of Notre Dame Press, 1991, pp.425-426[402].
5. Pieper, *Kümmert euch nicht um Sokrates!*
6. Pieper, *No One Could Have Known. An Autobiography: The Early Years*, San Francisco, Ignatius Press, 1987, p.62[76]. 피퍼의 문장의 두 번째 부분은 토마스 아퀴나스의 『천지론 주해』로부터의 인용이다: St. Thomas, *In De cael.*, I, c.22.
7. Clive Staples Lewis, *The Screwtape Letters*, rev. ed., New York, Macmillan, 1982, letter 27, p.128.
8. John Paul II, *Fides et Ratio*, nn.61 & 81[=이재룡 옮김, 『신앙과 이성』, 한국천주교중앙협의회, 1999, 75-76; 95-96쪽]. Cf. nn.55 & 74; 5 & 11.

험을 무릅쓰는 일이라고 끊임없이 단언하였다. 뮌스터의 철학자는 철학 활동에 시인 엘리엇(T. S. Eliot)이 그토록 함축적으로 표현한 것과 같은[9] 그 '지혜 사랑' 차원을 복원하고자 하였다. 왜냐하면 철학은 경탄의 태도와 비-이해타산적 감수성, 그리고 지혜에 도달할 수 있으리라는 희망을 함축하고 있기 때문이다. 60년 이상을 집필한 피퍼의 중요한 철학적 작업은 제2차 세계대전을 분기점으로 두 주요 시기로 나뉠 수 있을 것이다.

1. 청년기에 깊은 영향을 미친 세 만남

피퍼는 뮌스터대학 신학부의 1923년 여름학기 동안 자신의 철학 연구를 시작하였다. 그는 철학 자율학습 강좌에 열정적으로 헌신하였다. 왜냐하면 학부가 가르치는 강좌에 크게 실망했기 때문이다. 이 실망감은 이후 그의 연구 전반에 걸쳐 지속된다. 이리하여 뮌스터대학과 베를린대학에서 법학과 사회학을 공부하는 젊은 대학생이 『신학대전』에 대한 체계적 독서로 토마스 아퀴나스의 제자가 되는 것은 아주 자연스러운 일이었다. 이 독서 덕분에 그는 점차, 아직은 뚜렷이 구별되지 않지만 그로 하여금 그냥 지나칠 수 없게 만든 한 가지 문제를 식별하게 된다. 그것은 그가 박사학위 논문과 교수자격 논문(Habilitation) 주제로 삼게 된 문제, 곧 '인간의 도덕적 행위의 기초'와 '사물들의 진리' 문제이다. 피퍼는 이미 여러 해 전에 토마스 아퀴나스를 발견하였다. 그는 청소년기에 아리스토파네스(Aristophanes)와 플라톤(Plato)의 대화편을 탐독

---

[9]. Cf. Thomas Stearns Eliot, "Introduction", in Pieper, *Leisure-The Basic Culture*, South Bend(IN), St. Augustine Press, 1998, p.16[74](=김진태 옮김, 『여가와 경신』, 가톨릭대학교출판부, 2007, 13쪽).

하였는데, 그의 생애 후반기에는 [그들을] 더욱 깊이 연구하게 된다. 참으로 플라톤은 피퍼의 전통, 해석, 신화, 철학 등의 관념 형성에 영감을 주었고, 또 피퍼는 근대인들이 제기한 특정 문제들에 응수하며, 궤변과 현대 상대주의, 그리고 오직 배타적으로 생산과 성과로만 정향되어 있는 인간 개념에 대한 비판을 형성할 수 있도록 도움을 준 플라톤에게 자신의 여러 작품을 헌정한다. 청년 피퍼는 또한 표도르 도스토예프스키(Fyodor Dostoevsky)와 테오도르 해커(Theodor Haecker) 같은 저자의 작품들을 독서하는 데에도 탐닉하였다. 그는 점점 더 해커를 선호하게 되는데, 그것은 그의 사상의 실재적 의미 때문이라기보다는 오히려 그의 아이러니하고 공격적인 문체 때문이었다. 그리고 이것은 이 17세 청년으로 하여금 덴마크 철학자 쇠렌 키에르케고르를 읽도록 이끌었다. 어느 날 그는 (프랑스의 신-토미즘 방식으로 양성 받은 전직 도미니코회 사제였던) 한 교수에게 『아들러에 관한 책』[10]의 이런저런 구절들을 읽어 드리고 있었는데, 이 교수는 그런 것은 지적 양성에 아무런 도움이 되지 않는다고 응수하였다. 이 교수는 바로 그 자리에서 피퍼가 요한복음서 서론에 대한 토마스 아퀴나스의 주해를 (당시에는 아직 독일어 번역본이 없었기 때문에) 라틴어로 직접 읽어야 한다고 제언하였다. 이 청년은 즉각적으로 그것을 (비록 반쯤밖에 이해하지 못하면서도) 탐독하기 시작하였다. 그것은 그의 첫사랑이자 평생 지속될 매혹의 시작이었다. 이렇게 해서 그는 새로운 세상과 올바른 사고방식을 가르쳐준 스승의 존재를 발견하게 되었다.

청년 피퍼의 두 번째 만남은 프랑스식 로텐펠스(Rothenfels) 성(城)에서 이루어졌다. 거기에서 그는 로마노 과르디니(Romano

---

10. Søren Kierkegaard, *Das Buch über Adler*, Gütersloh, Gerd Mohn, 1986.

Guardini, 1885-1968)를 알게 되었는데, 그는 피퍼를 매료시켰고, 피퍼 자신이 이미 접어들고 있던 해방하는 반항적 성격으로 그를 물들였다.[11] 특별히 교육학적 재능을 타고난 이 철학자는 규칙적으로 강연을 하였는데, 매번 독일 전국으로부터 수백 명의 젊은이들이 몰려들었다. 피퍼는 로텐펠스에서 젊은이들을 위한 강연회의 마지막 회기에 참여하여, 자신의 박사학위 주제인 '인간의 활동과 인간 복지 사이의 관계'를 되새겼다. 1924년 8월 28일, 그는 또한 과르디니가 괴테 탄생 175주년이자 성 토마스 탄생 700주년을 기념하여 연 강연회에도 참여하였다. 과르디니는 위대한 독일 시인과 아퀴나스가 둘 다, '그 본성상 참된 실재가 인간 사고와 활동의 척도'라고 가르쳤음을 지적하였다. 그 순간 젊은 철학자의 정신에 불이 켜졌고, 모든 것이 그에게, 그 자신의 표현처럼 "크리스털처럼 맑아졌다."[12] 그가 마침내 도덕적 상대주의에 대한 한 응답으로, 토마스 아퀴나스 안에서 도덕적 활동의 정초에 관한 박사학위 논문을 작성할 길을 발견하게 된 것은 그 강연회 덕분이었다.[13] 그 안에서 그는 선이 참을 전제한다는 것, 선은 실재에 합치되는 것이라는 사실을 입증한다. 이것은 인간의 모든 선한 도덕적 활동이 사물들의 진리에 관한 침묵의 관상 속에 그 최초의 기원을 두고 있다고 말하는 것이다.

세 번째 만남은 그의 양성기 동안에 영향을 미쳤다. 1925년 여

---

11. 이 두 사람의 관계를 보기 위해서는: Cf. Pieper, *No One Could Have Known*, pp.39 & 123[53f., 135]; "Philosophie in Selbstdarstellungen"[1975], in *Werke*, Erganzungsband 2(2005), pp.1-25, at p.3; "Bedeutende Fördernis durch ein einziges Wort: Romano Guardini zum 70. Geburtstag"[1955], in *Werke*, vol.8/2(2008), pp.658-660.
12. Cf. Pieper, "Philosophie in Selbstdarstellungen", p.3; "Bedeutende Fördernis durch ein einziges Wort", p.323; *No One Could Have Known*, pp.62-63[76-77].
13. Cf. Pieper, *Reality and the Good*[=김진태 옮김, 『실재와 선』, 가톨릭대학교출판부, 2005].

름에 그는 스타니슬라우스(Stanislaus von Dunin-Borkowski) 신부의 지도 아래 매년 스위스 바젤 근처에서 만나 일종의 '열린 연구'(studium universale)인 철학 및 신학 강좌를 개최하는 한 무리의 학생들(이 가운데에는 한스 폰 발타사르[Hans Urs von Balthasar]도 들어 있었다)과 합류하였다. 프로그램의 목적은 참된 사색가를 양성하는 데 있어서 대학의 어떤 미비점을 보충하고 젊은 학생들에게 철학 및 신학의 토대를 다져주기 위한 것이었다.[14] 그가 자신의 실재 지각 방식에 깊은 영향을 끼친 새로운 사상가를 알게 된 것은 바로 이 자리에서였다. 바로 에리히 프르치바라(Erich Przywara, SJ, 1889-1972)였다.[15] 그의 가르침은 (피퍼가 맞서 끈질기게 투쟁하고 있던) 스콜라 철학과 전혀 달랐다. 후자는 역사적 발견과 체계적 발견들 사이의 종합을 발전시키려고 시도했다. 프르치바라는 이 젊은 철학자로 하여금 실재가 그 어떤 사고 체계의 테두리 안에 갇힐 수 없다는 것을 이해할 수 있게 도와주었다. 왜냐하면 그것은 거듭거듭 그것을 넘어 신비의 경계에 도달하는, 어떤 이상을 향해 계속해서 개방되기 때문이다.

1928년 2월 하순에 막스 에틀링거(Max Ettlinger)의 지도 아래 철

---

14. Pieper, *No One Could Have Known*, pp.64ff.[78ff] 이 모임을 통해서 젊은이는 당시 독일 문학을 공부하고 있던, 장차 스위스의 신학자가 될 한스 폰 발타사르를 알게 된다.(Cf. *Noch nicht aller Tage Abend*, p.269) Cf. Alfred Stöcklin, *Schweizer Katholizismus*, Zürich, Benziger, 1978, p.75.

15. "그 전날 나는 다시 한 번 더 (솔직히 나의 세계관을 바닥에서 위까지 형성해준 스승들 가운데 하나라고 할 수 있는) 철학자이기도 한 신학자를 만났다."(Pieper, "Philosophie in Selbstdarstellungen", p.4) "역사적이고 체계적인 세부사항들을 보편적 개관과 기막히게 결합시킨 저 기초 교육을 통해서, 나는 마침내, 어떤 자기 폐쇄적인 진리 체계를 고안해내려는 모든 시도는 실상 유한한 정신의 실존적 상황, 그 피조됨과 모순된다는 것과, 그 심층적인 개념적 질서에도 불구하고 토마스 아퀴나스의 사상을, 명제들을 가르칠 수 있음에서 성립되는 하나의 학파로 환원하려는 온갖 시도에 저항하는 것은 바로 위대한 사상가들, 특히 토마스의 실재적 작업이라는 것을 처음으로 깨닫게 되었다."(p.5)

학박사 학위를 취득한 뒤에, 피퍼는 당시 뮌스터대학의 조직적 탐구 및 사회학 연구소를 책임지고 있던 요한 플렝게(Johann Plenge)의 조교로 4년간 일했다.16 거기에서 그는 페르디난트 퇴니에스(Ferdinand Tönnies), 폰 비제(Leopold von Wiese), 리하르트 튀른발트(Richard Thurnwald) 같은 많은 사회학자들을 만났다. 세 차례에 걸쳐, 이 젊은 철학자는 한 주간 동안 열리는 다보스 고등연구소(Hautes Ecoles in Davos)의 유명한 국제 콘퍼런스에 참여하였는데, 거기에서 알베르트 아인슈타인(Albert Einstein), 루돌프 카르납(Rudolf Carnap), 에른스트 카시러(Ernst Cassirer), 하이데거 같은 유명인사들을 만났다. 피퍼는 지적으로든 사적으로든 재빠르게 플렝게로부터 거리를 두면서도 사회학, 정치학, 그리고 교회의 사회교육 관련 주제들에 대해 여러 연구물을 발표하였다. 그런데 그의 작품『사회정치에 관한 명제』17에 대한 정부의 1934년의 판매금지 처분은 피퍼로 하여금 강제로 연구를 중단하도록 만들었다.

2. 철학과 덕의 현대적 선구자

이런 배경에 몰려 피퍼는 (나중에 그가 한 말이지만) "다행히" 다시 한 번 더 방향을 바꾸기로 결심한다. 그가 철학, 특히 (그가 어느 정도 시야에서 놓쳤던) 토마스 아퀴나스로 돌아오는 것은 아주 자연스러운 일이었다. 그는 즉각적으로 다시 한 번 더 자신의 최초의 철학적 직관에 몰두하였다: 곧 서방 그리스 및 그리스도교적 전통에 의지함으로써 그는 자신의 동시대인들에게, 의무가 존재에 의

---

16. Pieper, *No One Could Have Known*, pp.73ff.[86ff.]; "Philosophie in Selbstdarstellungen", pp.5ff.
17. Pieper, *Thesen zur Gesellschaftspolitik*.

존한다는 것, 인간의 도덕적 활동은 참된 실재에 의해 측정되어야 한다는 것을 재발견하도록 도와주었다. 이리하여 그는 특별히 토마스 아퀴나스에 의존해서 서방 전통에서 이해되고 있는 대로의 '용기'라는 사추덕(四樞德)에 관한 논설을 작성하였는데, 토마스의 사상은 다시 한 번 더 그 간명함과 깊이로 그를 사로잡았다. 그는 상당수의 동시대인들이 내세우고 있던 거짓된 용기 관념을 지적하며, 나치 정권이 앞세우고 있는 용기의 모델에 대한 자신의 혐오를 표출하였다.[18] 여러 출판사들로부터 거절을 당한 뒤에 그는 거의 절망 상태에서 『용기의 의미에 관하여』(*Vom Sinn der Tapferkeit*)라는 제목의 초고를 라이프치히의 야콥 헤그너(Jakob Hegner)에게 보냈다. 헤그너는 그 작품에 매료된 나머지, 피퍼가 사추덕의 다른 세 가지 각각에 대해서도 집필해야 하고, 더 나아가 세 가지 대신덕(對神德)에 대해서도 집필해야 한다는 회신을 보냈다. 피퍼는 그 프로젝트를 가동시켜, 1972년 『사랑에 관하여』(*Über die Liebe*)를 끝으로 모두 완성하였다.[19]

1934년에 출간된 용기에 관한 그의 책은 주목을 받았다. 제목에서 오는 오해 덕분에 그것은 심지어 나치 정권에 의해 승인되고 권장되는 공식 도서목록에도 들어 있었다(하지만 그들은 곧 그 실수

---

18. Pieper, *No One Could Have Known*, pp.98ff.[111ff.]; "Philosophie in Selbstdarstellungen", pp.9-10; *Noch nicht aller Tage Abend*, pp.346-347; "Die Aktualität der Kardinaltugenden: Klugkeit, Gerechtigkeit, Tapferkeit, Mass"[1974], in *Werke*, vol.8/1(2005), pp.287-306, at p.300; *Lieben, hoffen, glauben*, p.9.
19. Cf. Pieper, *The Four Cardinal Virtues*; *Faith, Hope, Love*. 피퍼의 작품들 안에 들어 있는 덕들에 관한 논의를 보기 위해서는: Cf. Gilbert Meilaender, "Josef Pieper: Explorations in the Thought of a Philosopher of Virtue", *Journal of Religious Ethics* 11/1(1983), 114-34; Thomas S. Hibbs, "Josef Pieper and the Ethics of Virtue", in Bernard N. Schumacher(ed.), *A Cosmopolitan Hermit: Modernity and Tradition in the Philosophy of Josef Pieper*, Washington, Catholic University of America Press, 2009, pp.116-140.

를 알아차렸다). 편집자의 권유로 피퍼는 1934년 어느 여름날 자전거를 타고 가며 자신의 미래 설계를 꿈꾸고 있던 중에, '희망'의 덕에 관한 책을 쓰기로 결심하였다. 그 안에서 그는 '현존재'(Dasein)의 시간성과 역사성에 관한 하이데거의 분석을 바짝 뒤따르는 '아직 아니'(not-yet-being)의 존재론을 발전시켰고, 이 작품은 신-마르크스주의자인 에른스트 블로흐(Ernst Bloch)가 1956년에 출간한 대가적인 작품 『희망의 원리』(Das Prinzip der Hoffnung)의 선구적 작품이 되었다.[20] 피퍼는 나중에 그때를 회상하며, 어떻게 자신이 아직도 지적으로 뿐만 아니라 경험적으로도 부족함이 많던 때에 용감하게도 감히 그런 거대하고도 소진될 수 없는 주제에 관해 책을 쓸 수 있었는지 놀라워했다. 나중에 아우슈비츠(Auschwitz)와 히로시마(Hiroshima) 사건들을 목도하게 된 제2차 세계대전이 끝난 뒤에, 그는 아직도 개인과 인류의 미래, 다시 말해 이제는 지속적인 자기 파괴에 의해 위협받고 있는 미래와 관련된 희망에 관한 합리적 정초를 좀 더 심층적으로 검토하는 한편, 부조리의 철학들과 사회-종교적 운동들과는 거리를 두게 될 것이다.[21] 일상의 희망(espoir)과 근본적 희망(esperance)을 구별하고, 인간적 희망에 고유한 특성들과 희망의 덕의 지위에 관해 노작한 다음에, 피퍼는 유토피아의 반대(anti-utopia)로 간주되는 인격적 죽음과 인간성의 죽음에 관련된 문제들을 대조하고 있다. 역사의 끝에 관한 자신의 철학적 분석이라는 맥락의 테두리 안에서 피퍼는 헤겔과 칸트뿐만 아니라 자신의 동시대인인 에른스트 블로흐, 칼 야스퍼스(Karl Jaspers), 자크

---

20. Cf. Bernard N. Schumacher, *A Philosophy of Hope: Josef Pieper and the Contemporary Debate on Hope*, New York, Fordham University Press, 2003; Ernst Bloch, *The Principle of Hope*, Cambridge, MIT, 1986, 3 vols.
21. Pieper, *The End of Time: A Meditation on the Philosophy of History*; *Hope and History*.

마리탱(Jacques Maritain)의 입장들과도 거리를 둠으로써 독창적인 해결책을 작업해 낸다.[22] 피퍼는 초시간적 차원으로 개방되는 "초월로써 [이루는] 초월"(transcendence with transcendence)의 형이상학을 발전시키고, (시간성 안에서 발생하는 어떤 총체적 재앙의 사건에도 불구하고) 역사를 그 결론으로 이끌어갈 어떤 절대적 상대방에 대한 본원적 신뢰에 정초된 희망을 견지한다.

뮌스터의 철학자가 윤리학에서 그리고 인격 완성에서 덕의 중요성을 재발견하는 데 선구적 역할을 했다는 사실과, 엘리자베스 앤스콤(Elizabeth Anscombe, 1958), 블라디미르 장켈레비치(Vladimir Jankélévitch, 1968), 피터 기치(Peter Geach, 1977)의 선구적 작품들에 이어 1981년 알래스데어 매킨타이어(Alasdair MacIntyre)의 『덕의 상실』(*After Virtue*)이 발간된 이래[23] 덕들에 관한 성찰이 1980년대에 중심 주제가 되기 이전에, 피퍼가 사추덕과 대신덕들에 관한 탁월한 철학적 종합 작업을 해냈다는 사실은 종종 망각된다. 피퍼는 덕 관념을 그리스-그리스도교적 전통 노선을 따라 발전시키고, 자신의 주제에 대한 특정 해석들을 명료화하며, 그것을 현대인이 직면하는 도전들의 맥락 테두리 안에서 논한다. 나는 그의 현대적 전망에 대한 증거로, 그가 근본적 덕들에 헌정한 이 일곱 작품들을 어떤 전반적 계획에 따라 집필한 것이 아니라는 사실을 지적하고

---

22. Cf. Jacques Maritain, *On the Philosophy of History*, New York, Scribner's Sons, 1967 ; Karl Jaspers, *Vom Ursprung und Ziel der Geschichte*; *Die Atombombe und die Zukunft des Menschen-Politisches Bewusstzein in unsere Zeit*, München, Piper, 1958.
23. Cf. Alasdair MacIntyre, *After Virtue: A Study in Moral Theory*, Notre Dame(IN), University of Notre Dame Press, 1984[=이진우 옮김, 『덕의 상실』, 문예출판사, 1997]; Elizabeth Anscombe, "Modern Moral Philosophy", *Philosophy* 33(1958), pp.1-19; Vladimir Jankelevitch, *Traite des virtus*, Paris, Bordas, 1947; Peter Geach, *The Virtues*, Cambridge, Cambridge University Press, 1977; Andre Comte-Sponville, *Petit traite des grandes vertus*, Paris, Presses Universitaires de France, 1995.

싶다. 대신에, 각 권들은 간명한 역사적 맥락의 테두리 안에서 발생했다: 『용기』(1934)는 히틀러 정권에 대한 응답으로 집필한 것이고, 『현명』(1937)은 극단적인 결의론적 전통에 대한 응답으로, 그리고 『정의』(1953)는 의로운 것이 선한 것보다 우위를 점한다는 관념(이것은 자유주의와 공산주의에 관한 현재의 논쟁에 상응한다)에 직면해서 집필했다. 『절제』(1939)는 특히 호기심이나, 하이데거에 의해서 그토록 잘 묘사된 '호기심 또는 실없는 이야기'와 관련해서, 『희망』(1953)은 히로시마에 의해 야기된 역사적 절망과 진보 이데올로기의 끝에 저항해서, 『사랑』(Über die Liebe, 1972)은 사람들이 가지고 있는 거짓된 개념과 '에로스'(eros) 및 '아가페'(agape) 사이의 분리에 비추어서, 그리고 『신앙』(1962)은 합리적이고 과학적인 담화와 어떤 특정 맹신주의에 의한 부정에 직면해서 집필하게 되었다.

1930년대부터 계속해서 피퍼의 목표는 (19세기 부르주아의 덕 개념과 칸트의 형식적인 법 및 의무의 윤리학, 그리고 공리주의적 윤리학에 대안을 제공할) 시대에 발맞춘, 덕에 기초한 윤리학을 작업해내는 것이었다. 그렇지만 이것을 하기 위해서 그는 막스 셸러(Max Sheler)의 가치 개념을 참조하는 것이 아니라, 아리스토텔레스의 웅장한 선인 '에우다이모니아'(eudaimonia), 곧 "삶 전체" 관념을 참조하고 있다. 그는 덕에 기초한 윤리학을, 인간 존재자가 그 안에서 기계적이거나 환원주의적 용어들로가 아니라 실재적인 것의 총체성, 초월에 개방되어 있고 신적인 것에 자리를 허용하는 우주적 전망 안에 자리 잡고 있는 방식으로 개념되는 간결한 질서를 반영하는, 우주에 대한 포괄적 이해의 테두리 안에 위치시킨다. 피퍼 윤리학의 토대를 이루는 인간관은, 그의 자유가 절대적으로 자율적이어서 그 어떤 미리 확립된 선 관념으로부터도 독립적이라고 보아 그를 자족적 자의식으로 간주하는 관점과는 전혀 다르다. 이 후자의 관점은 때로는 중립성의 원리(principle of neutrality)라고도 불리었는데, 사르트르나 좀 더 최근에는 존 롤스(John Rawls)가 제언하는 관점이다. 이미 1930년대 동안에 피퍼는 성 토마스, 프르치바라, 하이데거로부터 영감을 받아 마르셀의 '나그네 인간'(homo viator)[24]을 선취하는 철학적 인간학을 발전시켰다. 그것은 덕의 실천을 통해 총체적 완성을 향하여 자신의 '존재 역량'을 실현시키는 '도중에 있는' 자유로운 인간 존재자의 인간학이었다.[25] 이것은 저 역량의 궁극적 완성, 또는 한 사람을 그 자신의 존재 잠재력의 궁극으로 인도하는, 그 자신의 본성에 의해서 이룰 수 있는 것의 최대치를 구성한다. 이 인간학은 아직 와야 할 (가능성들이 실현될) 미래를 향해 기우는 인간 본성의 내면적 구조를 표현하는 종말론적 차원을 동반하는 '아직-아니'(not-yet-being)의 존재론을 전제하고 있다. 하이데거, 사르트르, 블로흐와는 달리, 피퍼는 이 미래가 초월을 통해 이루어지는 초월의 움직임에 개방되어 있다고 주장한다. 여기서 초월이란 실재 전체를 구성하는 것이 아닌 내재적인 시간적 유한성을 돌파하는 행위로 이해될 수 있다.

3. 사물들의 진리와 창조 형이상학

제2차 세계대전 동안 피퍼는 웨스트팔리아 지역 행정의 심리전 부대와 항공부대의 학술 조교로서 일했다.[26] 그는 자신의 자

---

24. Cf. Gabriel Marcel, *Homo Viator: Prolegomenes a une metaphysique de l'esperance*, Paris, Aubier Montaigne, 1944.
25. 피퍼는 덕에 대한 요약적 소책자를 출간한 적이 있다: Pieper, *Über das christliche Meschenbild*[=김형수 옮김, 『그리스도교의 인간상: 덕에 대하여』, 가톨릭대학교출판부, 2018].
26. 이 시기에 대해 좀 더 상세한 설명을 보기 위해서는: Cf. Pieper, *No One Could Have*

유 시간을 여러 프로젝트에 썼다: 토마스 아퀴나스의 다양한 텍스트들을 수집하고 번역하였고,[27] 전쟁이 끝날 때에 『교수자격논문: 사물의 진리』(*Habilitationschrift: Wahrheit der Dinge. Eine Untersuchung zur Anthropologie des Hochmittelalters*)[28](그 첫 초고는 콜마르[Colmar] 출판사 편집자에 의해서 분실되었다)[29]라는 제목으로 출간되는 작품을 집필하였다. 사물들의 진리라는 주제는 그 젊은이가 그의 학생이 된 날부터 내내 그를 사로잡았다.[30] 체계적이고 인간학적인 접근법을 통해서, 그리고 토마스 아퀴나스를 인용함으로써, 피퍼는 (인간 활동의 기초이자 세상을 충만하게 포용할 수 없는 우리의 무능함의 기

Known; "Philosophie in Selbstdarstellungen", pp.11f. 이 시기 전반에 걸쳐서 그는 권력을 쥐고 있던 당과 관련해서 큰 어려움을 겪지 않았다. 하지만 그가 그들의 인간관에 동조했다는 뜻은 전혀 아니다. 피퍼와 국가 사이의 관계와 관련해서, 그의 입장은 전쟁 이전의 작품들에서나 (출판이나 재쇄가 엄격히 통제되던) 전쟁 중에 집필된 작품들에서나 명백하다. Cf. *No One Could Have Known*, pp.94ff.; 156ff.[107ff., 164ff.] 당은 피퍼에 대해 두 가지 불만을 품고 있었다: 하나는 그의 형의 아내가 유대인이었다는 것이었고, 다른 하나는 그의 다양한 작품들이 마음에 들지 않는다는 점이었다. Cf. Ibid., 158ff.[166ff.] 그는 그의 의지와 상관없이 알지도 못한 채, 그의 장상인 막스 시모나잇(Max Simoneit)에 의해 나치당의 명부에 올랐다. Ibid., p.154[163]. 당은 그가 다른 이들의 세계관에 조금이라도 영향을 미칠 수 있을 만한 직장에 취업하는 것을 금했다. Ibid., p.161[169]. 피퍼와 유대인 문제 사이의 관계와 관련해서, 이 독일 철학자는 근본적으로 반(反)-셈족주의 정책과는 근본적으로 거리를 두었다. Cf. Ibid., 155f., 159ff.[164, 167ff.] 여기서 피퍼는 유대인 문제뿐만 아니라 공무원들에 대해서도 논한다. Cf. *Eine Geschichte wie ein Strahl*, pp.630f.; 636f. Cf. Bertold Wald, "'Aktualisierung durch Enthistorisierung': Zu einem Brief von Josef Pieper an Gustav Gundlach aus der Zeit der NS-Diktatur", *Philosophisches Jahrbuch* 104(1997), 175-181, esp. 180.

27. Cf. Pieper, *Thomas-Brevier*.
28. Cf. Pieper, *The Truth of All Things: An Inquiry into the Anthropology of the High Middle Ages*[=김진태 옮김, 『사물들의 진리성』, 가톨릭대학교출판부, 2005].
29. 그가 재쇄를 출판하지 않았기 때문에, 그 작품은 재판되어야 했다. 전쟁 중에 뮌스터 대학에 제출했던 교수자격 지원은, 자신의 논문지도교수 가운데 하나인 막스 에틀링거의 후임자인 피터 부스트(Peter Wust)의 또다시 후임자인 철학자 게르하르트 크뤼거가 적극적으로 지지했음에도 불구하고, 학부로부터 받아들여지지 않았다. Cf. Pieper, *No One Could Have Known*, pp.163ff.[171ff.].
30. 프르치바라는 그에게 토마스 아퀴나스의 『진리론』 제1문을 해석할 과제를 맡겼다. Cf. Pieper, *No One Could Have Known*, p.138[149].

초인) 사물들의 진리에 관한 초기의 심층적 의미를 식별해낸다. 자신의 입장을, 사물의 진리를 의미가 없는 텅빈 개념으로 보는 칸트와 구별함으로써, 그는 그 개념을 하나의 사물과 하나의 지성 사이의 비례를 통해 묘사한다. 신적 지성은 (그것이 구체적인 역사적 실존 위에 기획하는) 그 사물의 형상, 본질 관념을 개념한다. 그 형상이 [바로] 자연적이라는 말을 듣는 이 사물의 척도이다. 후자, 곧 그 사물이 그것을 지각하는 인간 지성을 측정한다. 그렇지만 이 지성은 어떤 '선행 형상'(prae-forma) 또는 그것이 구체적인 역사적 실존 위에 기획하는 어떤 형상의 관념을 형성할 수 있다. 이런 식으로 지성은 인공적이라는 말을 듣는 사물들의 척도가 된다. 이 측정함의 관계들에 기초해서 피퍼는 "그로부터 우리의 정신이 그에 대한 지식을 갖게 되는 자연 사물들은 우리 정신의 척도인데, 그것들은 이번에는 하느님의 인식하는 정신을 자기 척도로 삼고 있다"고 마무리짓는다.[31] 사물들의 진리는 또한 명제를 포함하고 있기도 하다. 피퍼는 알려지는 사물의 형상을 받아들임을 의미하는, 어떤 사물을 '아는 것'과, 알려지는 사물에 관하여 알 수 있는 모든 것을 포괄하는 지식을 가리키는, 어떤 사물의 포용(comprehensio)을 구별한다. 확실히 인간 존재자는 모든 것들을 일정 정도 알 수 있다. 왜냐하면 그의 지성은 '우주를 감당할 수 있기'(capax universi) 때문이다.[32] 비록 그는 (그가 그 후속 형상들을 파악하는) 실존하는 사물들의 본질을 알기는 하지만, 그럼에도 불구하고 인간 지성은 후속 형상(apres-formes)과 (창조적 지성 안에 자리잡고 있는) 선행 형상 사이의 유비를 파악할

---

31. Pieper, *The Truth of All Things*, p.52[136].
32. Cf. Ibid., pp.77ff.[158ff.]; *Welt und Umwelt*, esp. pp.180ff.

수 없다. 다시 말하자면, 그는 실제로 그 어떤 것도 제대로 이해[포용]할 수 없다. "그러나 유한한 정신은 결코 실존하는 실재가 제공하는 모든 잠재적 지식을 실제로 다 포용할 수 없다. 오히려 어떤 대상 자체 안에서 그 대상에 대해 알 수 있는 것은 무엇이든지 언제나 그리고 필연적으로 실제로 알려질 수 있는 것을 능가한다."[33] 관조되고 있는 그 사물로부터 흘러나오는 빛남과 밝음은 인간 지성을 압도한다.

> 결코 인간은 사물들의 내밀한 본성을 충분히 포용할 수 없을 것이다. 다시 말해 총체적으로 그리고 완전하게 알지 못한다. 그리고 인간의 정신은 결코 우주의 총체성을 완벽하게 측량해내지 못할 것이다. … 사물의 '본질'과 '총체성'에 관한 지식은 '희망의 약속'의 테두리 안에 있는 인간의 특전이다.[34]

어떤 것에 대한 궁극적 이해에 도달할 수 없는 이 불가능성, 이 '부정 철학'은 그 기원을 (피퍼에 따르면, 지성에 의한 앎이라는 합리적 행위[이때 이성에 의한 인식 행위로 구현된다]의 대상을 구성하는) '창조의 형이상학'에 두고 있다. 피퍼에 따르면 세상을 창조로 보는 이 이해는 "존재자의 의미 전체"(das gesamte Daseinsgefühl)를 물들인다. 이것이 바로 그의 철학의 비밀의 열쇠이다: "이 피조됨이 피조물의 내밀 구조를 전적으로 그리고 철저하게 규정한다."[35] 피퍼는 「[3.6.] 소진되지 않는 빛」이라는 절에서 자신의 철학 탐구 노선과

---

33. Pieper, *The Truth of All Things*, p.58[141].
34. Ibid., p.93[174].
35. Pieper, "Negative Element in the Philosophy of St. Thomas Aquinas", in *Silence of St. Thomas Aquinas*, pp.43-71, at p.47[114].[=본서의 두 번째 논설]

창조 사실의 수용 사이의 관계를 묘사하고 있다.

> 이 질문을 진정한 철학적 의미로 던지자마자 나는 즉각적으로 그리고 형상적으로 헤아릴 길 없고 측량할 길 없는 것을 다루게 된다. 이것은 사물들의 뿌리에 접근하는 것, 다시 말해 존재의 원천, 곧 창안 및 형상을 주는 설계의 차원, 피조물의 차원으로 전진하는 것이 나의 질문의 본성 안에 있기 때문이다.[36]

피퍼의 철학은 가브리엘 마르셀이 "반(反)창조의 의지"(will for de-creation)라고 묘사한[37] 특정 경향과는 대립되는 창조의 존재론을 출발점으로 삼는 그의 결단의 구전적(俱全的) 일부이다. 창조에 대한 철학자들의 이 배격은 바로 존재자 개념의 빈곤화를 낳게 된다.[38] 피퍼는 인간 본성의 차원에 대한 창조의 형이상학의 궁극적 귀결, 곧 죽음, 희망, 사랑, 축제(거행), 여가, 덕, 전통, 그리고 철학을 철저하게 파헤치고 싶어 하였다.

어쨌든 우주가 창조되었다는 확신은 존재의 어느 특정 '측면'에 한정지어진 채로 남아 있을 수 없다. ㅡ만일 그것이 머릿속 언저리

---

36. Pieper, "The Timeliness of Thomism", p.97[143-44][=본서의 세 번째 논설, 93쪽]. Cf. *Faith, Hope, Love. On Love*, pp.176ff., 233f.[325f., 374f.].
37. Gabriel Marcel, *The Mystery of Being*, vol.2, *Faith and Reality*, London, Harvill Press, 1951, p.152[vol.2, p.153].
38. "세상의 피조됨에 대한 직선적 부정은 또한 어쩌면 참으로 단계적으로만 '실현되는' 세상에 대한 철학적 이해에 뜻밖의 귀결을 낳는다. 이 부정과 함께 혹자는 그리스도교의 거룩한 전통에서뿐만 아니라 그리스 세계관으로부터도 멀어지게 된다."(*Über die platonischen Mythen*, pp.336f.) 이것은 또한 자기 자신의 사고를 불가피하게 저 기원들로부터 그 문제 및 그 용어 양쪽과 관련하여 형성한다는 것을 의미한다.(Cf. Pieper, *A Plea for Philosophy*, p.125[122]) Cf. *What Does It Mean to Philosophize?*, p.40[28].

에서 수행된 추상적 주의주장 이상의 어떤 것이어야 하는 것이 아니라면 말이다. 우리는 그것을 단지 어떤 '철학적이고 종교적인' 선반에 보존할 수 없다. 일단 끝까지 생각된 다음에는, 그것은 필시 끈질기게 그리고 심각하게, 우리의 존재자 감각에 영향을 미치게 된다. 왜냐하면 그때 모든 실재(사물, 사람, 우리 자신)가 창조적으로 이해된 어떤 것으로, 어떤 기획된 것으로, 따라서 처음부터 뚜렷한 목적을 가지고 있던 어떤 것으로 우리에게 제시되기 때문이다. (이런 관념은, 잘 알려져 있듯이, 사르트르가 열정적으로 거부한 것이다.) 무엇보다 먼저 우리는 (또다시 우리 자신을 포함해서) 모든 실재를 창조적으로 원해지고 긍정된 것으로 바라봐야 하는데, 그것의 실존은 오직 그렇게 긍정되고 사랑받은 존재자에만 의존한다.[39]

그의 교수자격논문(Habilitation) 집필은 부드럽게 넘어가지 않았다. 왜냐하면 그는 철학사를 탐구하는 대신에 철학을 하고 있다고 질책을 받았기 때문이다.[40] 교수자격논문 지도교수인 게하르트 크뤼거(Gerhart Krüger)는 그를 해커나 과르디니 같은 '아웃사이더' 철학자들(Outsider philosophers)과 비교하였다. 1946년 1월 중순, '하이데거의 진리 개념'에 관한 강연으로 교수자격논문 발표

---

39. Pieper, *Faith, Hope, Love. On Love*, p.177[325-26].
40. "어쨌든 그 당시에는 이 반론이 겨냥하고 있는 것이 무엇인지 나에게 충분히 명료하지 않았다: 개인적으로 나의 관심을 끌던 문제에 대해서가 아니라, 대학의 교수 활동 전반에서의 철학의 위치와 관련해서 그러했다. 철학 영역에서 '탐구'란 결국 궁극적으로 '지성사'로, 이리하여 기본적으로 '역사편찬'으로, 그리고 토마스 아퀴나스가 말하는 것처럼, 철학함의 실재적 의미와는 전혀 아무 관계가 없는 '다른 이들이 생각했던 것을 배우려는' 노력으로 이끌리게 된다."(Pieper, *Noch nicht aller Tage Abend*, p.239) Cf. Pieper, "Philosophie in Selbstdarstellungen", pp.12-13.

를 성공적으로 마친 뒤에,[41] 피퍼는 1946년 7월 5일 42세의 나이에 '강의 자격'(venia legendi)을 취득하였다. 그 기회에 그는 "교육과 지적 노동"[42]이라는 제목의 강연회를 가졌는데, 이것은 그의 작업의 두 번째 국면의 시작을 알리는 신호였다. 그 강연에서 그는 '인간 인격을 옹호하고 증진시키기 위한 문화 철학'이라고 묘사할 수 있는, 여러 가지 자신의 미래 사유 주제들을 전개하였다. 덕에 기초를 둔 윤리학과 연결된 인간학을 옹호함으로써 독일 전체주의(totalitarianism)에 반대한 피퍼는 또 다른 전체주의, 곧 인격체를 도구로 환원하는 '노동세계와 기능주의적 사고의 전체주의'의 발흥을 통찰력 있게 고발하였다. 이 새로운 전체주의에 대응하기 위해서 그는 자유롭고 진정 자율적인 인격적 삶의 개화를 허용해줄 문화철학을 발전시켰다.

　1946-47년 겨울학기에 자신의 첫 번째 대학강의를 준비할 때 피퍼는 전쟁터에서 막 돌아온, 배우기를 열망하는 젊은이들에게, 단순히 역사적 지식에 지나지 않는 체계적이고 추상적인 주제를 가르치는 데 투신할 수는 없었다. 따라서 그는 철학을 한다는 것이 무엇을 의미하는지를 논의하기로 결심하였다. 그는 1948년에 이 강의들을 모아 『철학을 한다는 것은 무엇을 의미하는가』라는 제목으로 출판하였다. 이 작품은 대학 강단에 섰던 기회에 말로 표현했던 통찰들을 발전시킨 것이었다. 피퍼는 철학 행위를 존 뉴먼(John Henry Newman)이 "신사의 활동"(gentleman's activity)이라고 불렀던 것, 곧 그 자체가 목적인 관상적(觀想的)인 종류의 자유로운

---

41. Cf. Pieper, "Heidegger's Conception of Truth", in *For the Love of Wisdom*, pp.185-196.
42. Cf. Pieper, "Philosophical Education and Intellectual Labor", in *For the Love of Wisdom*, pp.13-26.

활동과 연관 지어 규정한다. 그는 이것을, 어떤 다른 것의 관점에서 유용한 '노예적'(servile) 활동과 대조한다. 다시 말해, 그것의 목적은 그것에 외부적인 어떤 것이었다. 피퍼는 제2차 세계대전이 끝난 이래 인간의 세계를 1차원으로, [곧] 일을 최고의 가치로 삼는 도구적 활동으로, (너무도 그러해서 모든 '자유로운' 활동이 생산성의 틀 안에서 구현되는) 일을 목적 그 자체로 삼으려는 새로운 "문화"의 발생을 의식하고 있었다. 이 문화는 자유로운 활동들에 재갈을 물리고 이용하려고 하며 인간 삶의 다양한 영역들을 지배하려 시도하는 활동주의(activism)를 조장한다. 피퍼는 인간 인격을 일상의 노동에 속박하고 개개인을 공리적이고 노예적인 활동들에 얽어매는 예속화를 '새로운 프롤레타리아 양성'(formation of a new proletariat)이라고 부른다. 이런 기능적 정신 자세에 대립하는 진정한 문화는 덕에 기초를 둔 윤리학과 여가의 옹호를 통해서 촉진될 수 있다.

4. 인간 인격을 옹호하고 증진시키는 문화 철학

제2차 세계대전 직후에 피퍼는 유럽이 온통 재건에 몰두하였음을 지적하였다: "우리가 집의 재건에 돌입하고 있고, 우리의 손에 모든 자재를 갖추고 있다면, 우리의 모든 노력이 오직 그 집에 대한 관상(觀想)으로 향해야 하지 않겠는가?"[43] 이 질문을 자신의 것으로 삼고, 피퍼는 동시대인들에게 인격적 삶을 위협할 수 있는 "활동주의"가 호시탐탐 노리는 위험을 경고함으로써, 자신의 초창기 강좌들과 작품들에서와는 사뭇 다른 응답들을 제시하고 있

---

43. Pieper, *Leisure-The Basic Culture*, p.3[3].

다. 일을 최고의 가치이자 하나의 목적 그 자체로 증진함으로써 '활동주의'는 인간 인격을 생산성과 유익성의 척도에 예속시키는 위험을 무릅쓰고 있었다. 하지만 아무리 유럽을 재건하라는 소명이 모든 시민에게 공동선과, (인간 인격 그 자체를 옹호하고 증진시킬) 어떤 새롭고 진정한 여가 문화의 발흥에 기여하도록 촉구하려는 의도가 있었다고 하더라도, 당시는 분명 여가에 대해 말할 최적의 시기가 아니었다. 전후에 피퍼의 철학적 사유의 핵심 주제 가운데 하나는 정확히 (여러 방식으로 사라져 가고 있던) 진정한 여가와 개별 인격의 행복과 번영, 그리고 따라서 문명 전체의 번영의 절대적 필요, 다시 말해 진정한 문화의 필요에 대한 단언이다. 점점 더 인간 인격보다는 일에 더 높은 가치를 매기는 오늘날의 세계에서 이런 단언을 옹호한다는 것은 쉬운 일이 아니다. 인간은 하나의 수단의 지위로 환원되어, 그 자체로 하나의 목적이기를 그친 것처럼 보인다. 여가를 옹호하는 데 투신하는 철학자는 사람들을 게으름에 빠뜨리고 있고, 보다 정의롭고 보다 인간적인 미래 사회 건설에 요구되는 중요한 노력에서 벗어나는 도피로 몰아간다는 비난을 듣는다. 또는 역설적으로 그 철학자는 사람들을 개개인으로 하여금 자신의 일을 계속할 수 있도록 재충전시키고 그로 하여금 현실로부터 벗어날 수 있도록 도와주는 전통적인 오락을 허용하는 대신에 삭막함으로 몰아가고 있다고 비난한다. 이런 비난들은 어제오늘 고안된 것이 아니다. 우리는 다만 상당수의 그의 동료 시민들이 소크라테스에게 들이댄 수많은 강력한 공격을 상기하는 것으로 족하다. 피퍼는 플라톤 철학에 대한 자신의 성찰과 궤변론자들과 '실용적'(pragmatic) 인간에 대한 대립에서 그것을 멋지게 분석하는 데 성공한 바 있다.

  오늘날의 세계에서 여가는 '오락 자체를 위한 오락'으로 전락했고, 일은 과대평가되고 고양되었으며 심지어 인격 완성을 위한 최고의 규범이 되기까지 예찬되고 있다. 이것은 피퍼가 직면했던 70년 전의 세계와 다르지 않다.[44] 이런 맥락에서, 오락과 반대되는 진정한 여가는 "전혀 예견하지 못한 어떤 것, 까닭도 이유도 없는 완전히 낯선 어떤 것, 사실상 게으름과 나태와 동의어"로 이해되고 있다.[45] 그가 『여가: 문화의 기초』를 출간한 지 40년 뒤에, 이 독일 철학자는 진정한 여가에 대해 현재 통용되는 태도를 두고 이렇게 멋지게 표현하였다: "이 메마른 시대에 시가 무슨 소용이란 말인가?"[46] 시란 시간과 생산성의 낭비가 아닌가? 진정한 여가를 옹호하며 그것에 투신하는 사람은 내쫓아버리거나 심지어 제거되어야 할 사람이 아닌가? 결코 그렇지 않다. 오히려 실제로 세상을 좀 더 낫게 바꿀 수 있는, 행복하고 충만한 인격적 삶의 열쇠는 진정한 여가의 즐거움이 아닌가?

피퍼는 끊임없이 그 자체로 '자유로운' 활동들의 정당성을 옹호한다. 왜냐하면 그것들은 생산성과 유익성의 척도로 환원되거나 기능적 정신자세와 연계되어 설명될 수 없는 인격 완성에 필수불가결하기 때문이다. 자유로운 활동만이 진정으로 인간적인 문화 발전을 허용한다. 우리의 철학자는 도시의 심장부에서 일의 전체주의가 감당할 수 없고 유익성과 생산성의 척도로는 규제될 수 없는, 심층적으로 자유롭고 자율적인 장소들의 창조를 요구함으로써 한걸음 더 나아간다. 피퍼는 이렇게 지적한다.

---

44. Cf. Pieper, "Das Gesellungsideal der industriellen Arbeitswelt: Aufriss einer sozialpädagogischen Grundfrage"[1934], in *Werke*, Erganzungsband 1(2004), pp.374-75.
45. Pieper, *Leisure-The Basic Culture*, p.27[20].
46. Pieper, "Three Talks in a Sculptor's Studio. Those 'Guests at the Festival'", in *Only the Lover Sings*, pp.64-71, at p.64[513].

단지 공리주의적이기만 한 것의 절대적 요구가 우리의 실존 전체를 몰수하겠다고 위협하면 할수록, 그만큼 더 인간 존재자는 (만일 그가 진정 인간적인 삶을 영위하고 있는 중이라면) 우연히 보이는 것들과 들리는 것들의 이 소요(이것을 사고 저것을 마시고 저것들을 먹으며 여기서 즐기고, 저것을 증명하는 등)로부터, 이 끊임없는 소리지르는 경험으로부터 한걸음 물러나, 침묵이 지배하고 실재적인 들음, 곧 우리의 존재가 의존하고 그로부터 지속적으로 자양분을 얻어 쇄신되는 저 실재에 대한 경청이 가능해지는 곳에서 나타날 이 기회를 필요로 할 것이다.[47]

일의 전체주의의 온갖 잠식으로부터 벗어나 있는, 충만하게 자유롭고 자율적인 영역을 보존하고 창조하라는 피퍼의 호소는 오늘날에도 그 긴급성을 조금도 잃지 않고 있다. 이런 '생활공간'의 정당화는 인간 인격이 일에 봉사하는 어떤 역할 또는 기능, 다시 말해 생산자이자 시민으로서의 역할로 환원되는 것을 허용하지 않는 인간학에서 발견된다. 반면에, 인격은 살도록 그리고 인격체로서 연루되도록, 즉 충만하게 자유롭고 책임지는 방식으로 행동하도록, 다시 말해 에마뉘엘 무니에(Emmanuel Mounier)의 말을 빌리자면[48] 자신의 생각을 남들에게 '위임'하는 것이 아니라 스스로 비판적으로 생각하도록 부름 받았다. 비판적 성찰, 독립적인 판단, 그리고 스스로 생각할 용기가 없는 삶은 "살만한 가치가 없을" 것이다.[49] 진정한 여가 형식들과 '테오리아'[이론]에 속

---

47. Cf. Pieper, "Was ist eine Kirche?"[1971], in *Werke*, vol.7(2000), pp.537-558, at p.555.
48. Cf. Emmanuel Mounier, *A Personalist Manifesto*, London, Longmans, pp.111ff.[98ff.].
49. 이것은 결코 성찰이 빠진 삶은 살아지거나 계속되도록 허용되어서는 안 된다고 선언하는 윤리적 판단이 아니다. 반면에 한나 아렌트는 「사고와 도덕적 고찰」에서 소크

하는 모든 활동들의 증진은 인간 인격이 (다른 무엇보다도) 그가 효력, 곧 피퍼에 따르면 새로운 프롤레타리아를 창조하는 역할과 기능의 차원으로 환원될 수 없다는 사실을 깨닫게 해준다. 그는 이렇게 설명한다.

> 여가는, 직장인이 일을 하는 데 있어서 가급적 비가동시간은 최소한으로 하면서도 '어려움을 겪지 않도록'(trouble-free) 만드는 데에서 정당화되는 것이 아니라, 그 직장인을 '인간적'으로(혹은 뉴먼이 말하는 것처럼, 그래서 '신사'로 남아 있을 수 있도록) 유지하는 데에서 정당화된다. 그리고 이것은 인간 존재자가 그의 한정된 평일 기능의 세분된 세계 속으로 사라져버리는 것이 아니라, 전체로서의 세계를 이해할 수 있는 채로 남아 있고, 따라서 존재 전체를 향해 정향된 존재자로서 자기 자신을 실현한다는 것을 의미한다.[50]

오로지 휴식, 오락 또는 기분전환으로만 성립되는 여가는 그 자체로 진정한 여가가 아니다. 진정한 여가는 일을 더하기, 다시 말해 효과의 증대를 가져오거나 단순하게 속도의 변화를 초래하기 위해 피로 회복을 목표로 삼고 있는 소일(消日)이나 두 일 사이의 단순한 간격인 것이 아니다. 만일 그랬더라면, 여가는 작업세계의 통합적이지만 구별되는 일부가 되었을 것이다. 그때 사람들은 단순히 그 활동의 환경이나 종류를 변경함으로써 일로부터 오락으

라테스를 따라, 그런 사람들은 실제로 인간 본성이 그들을 부르는 그 이상(理想)에 따라 살지 않는다고 주장한다.(Hannah Arendt, "Thinking and Moral Considerations: A Lecture", in *Social Research* 38/1(1971), pp.416-446, at pp.431ff.) Cf. Plato, *Apologia of Socrates*, 38a.
50. Pieper, *Leisure-The Basic Culture*, p.35[26].

로 넘어갈 것이다. 우리가 단지 주말의 휴가이거나 일로부터 물러날 때, 우리는 진정한 여가에 대해 말할 수 없다. 그렇다고 돈을 대가로, 기술을 통해서, 또는 많은 레크리에이션 전문가와 활동 지도자들이 가르치는 것들처럼 특수한 방법을 통해서 얻어질 수 있는 것도 아니다. 진정한 여가는 단순한 자유시간이나 오락보다는 훨씬 더 중요하고 훨씬 더 실존적이다. 그것은 행위나 소유를 능가하고 자신이 결실 풍부하도록 허용하고, 실재에 대한 탄력적인 '애정 어린 관조'의 태도로 남들의 뜻에 따르도록 허용한다. 더욱이 이런 태도는 참으로 완성되고 행복한 인간적인 삶을 영위하고자 하는 이에게는 본질적이다. 그 본성상 어떤 목적에 이르는 수단으로 전환되기를 거부하는 진정한 사랑에 대해서도 마찬가지다. 진정한 여가는, 인간 인격처럼, '실천'(praxis)의 후견 아래 놓일 수 없다. 왜냐하면 그것은 오직 우연적으로만 실천적 유용성을 지니고 있는 가치를 향해 정향되기 때문이다. 그것이 더 이상 하나의 목적 자체가 아닌 순간, 그것은 '그 사실 자체로'(ipso facto) 하나의 진정한 여가이기를 그친다.

피퍼에 따르면, 진정한 여가의 기원이자 모든 '이론'(theoria)의 기원은 궁극적으로 축제거행의 원초적 원리에서 발견되어야 한다. 이것은 하나의 오락, 즉 시간을 보내기 위한 기분전환으로 이해되어서는 안 되고, 실재에 대한 심층적인 동의의 태도, 곧 세계를 본질적으로 선한 것으로 간주하는 "세계에 대한 긍정적 접근"으로 이해되어야 한다.[51]

---

51. Pieper, "Was heisst 'christliches Abendland'?"[1957], in *Werke*, 8/2(2008), pp.444-451, at p.447.

실재를 근본적으로 '선하고' '질서 지어져 있다'고 생각하지 않는 사람은 스스로 "여가를 궁리할" 수 있는 그 이상으로 경축할 수 없다. 이것은 여가가, 인간이 세계와 자기 자신의 본성에 동의한다는 전제와 연결되어 있다는 것을 의미한다.[52]

실재, 세상, 그리고 자기 자신을 향한 이런 태도는(이것은 필시 언제나 의식하고 있는 것은 아니지만 가장 기본적인 인간적 활동들이나 반응들을 통해서 드러나게 된다) 피퍼에 따르면 또 다른 긍정, 곧 사랑으로부터 솟아난다. 어떤 사물이나 사람을 사랑한다는 것은 그 존재가 어떤 선한 것, 멋진 것임을 전제하는 것이다. 한마디로 말해, 그것은 사랑의 대상인 그 사물 또는 그 사람의 존재에 대한 포용적인 긍정과, 자신을 그 실재를 향해 개방함, 세상 안에서 묵인함을 함축하고 있다.

사랑 및 창조의 형이상학에 기초해서 피퍼는 존재에 대한 감사를 의미하는 경신례보다 더 경축적인 축제가 있을 수 없다는 명제를 제언한다. 이 독일 철학자는 이 결론이 자신의 동시대인들에게 얼마나 도전적인지를 의식하고 있지만, 그것이 불가피한 것이라고 간주한다: "세상 전체에 대해 동의하는 가장 고상한 형식은 하느님의 영광을 찬미함, 창조주에 대한 예찬, 경배(Kult)이다. 그로써 우리는 또한 여가의 궁극적 기원을 규정하였다."[53] 축제거행과 경신례의 심장부에 노동세계의 착취에 예속되지 않은 한 공간이 창조되고, 그래서 진정한 여가는 가장 다행스러운 방식으로 전개될 수 있다. 일의 전체주의적 상태는 여가가 축제에 뿌리박고 있

---

52. Pieper, "Musse und menschliche Existenz"[1959], in *Werke*, vol.8/2(2008), pp.453-458, at p.457.
53. Ibid.

다는 것을 아주 잘 이해하고 있었다. 바로 그렇기 때문에 그것은 다양한 인위적 축제일들, '실천' 안에서의 붙박이 축제를 제언하고, 심지어 일 자체를 하나의 '컬트'[숭배]로 만들기까지 하는 것이다.[54] 진정한 여가를 축제와 경신례에 뿌리박고 있는 것으로 간주하는 것이 그리스도교 사상에만 고유한 것은 아니다. 왜냐하면 우리는 피퍼가 지적하는 것처럼, 플라톤이나 아리스토텔레스 같은 그리스도교 이전 사상가들 안에서도 그것을 발견하기 때문이다. 아리스토텔레스는 인간이 스스로 여가생활을 꾸려나갈 수 없음을 안다고 주장한다. 그는 오로지 "어떤 신적인 것이 자기 자신 안에 현존하는 한에서"만 그것을 할 수 있다고 하였다.[55]

쓰인 지 60년도 더 지난 말들 안에서 피퍼는, 매일매일의 진정한 여가생활을 통해 이루어지는 인간 인격의 완성이 진정한 문화의 번영에 기여하고, 이것이 다시 인간 공동체의 공동선에 기여한다는 것을 우리에게 상기시켜준다. 이 질서가 뒤집힐 때, 다시 말해 일이 인격적 존재에 수단이 아니라 목적으로 설정될 때, 그리고 사람이 하나의 도구로 이용될 때, 인간 인격이 완성되는 것은 불가능할 뿐만 아니라 문화 자체도 질식하게 된다. 그러므로 우리는 "진정한 문화는 오직 여가라는 토양 안에서만 번창한다."고 결론지을 수 있다.[56]

---

54. "일 자체가 하나의 컬트가 된다"(Pieper, *Leisure-The Basic Culture*, p.55[40]).
55. Aristoteles, *Ethic. Nic.*, X, c.7, 1177b26s.; 432b.
56. Pieper, "Musse und menschliche Existenz", p.456.

| 인명색인 |

과르디니(Romano Guardini) 53, 125, 126, 138
괴테(Johann Wolfgang von Goethe) 21, 126
굴리엘모 토코(Guglielmo Tocco) 23
그랍만(Martin Grabmann, OP) 11, 27, 79
그레고리우스(Gregorius) 21
기욤 생타물(Guillaume de Saint-Amour) 16, 17, 39
기치(Peter Geach) 131

네이글(Thomas Nagel) 122
뉴먼(John Henry Newman) 144
니체(Friedrich Nietzsche) 78, 108

단테(Dante Alighieri) 20
도스토예프스키(Fyodor Dostoevsky) 125

라이프니츠(Wilhelm von Leibniz) 86
레미지오 데 지롤라미(Remigio de' Girolami) 20
레지날도(Reginaldo Piperno) 22, 23, 42, 43
롤스(John Rawls) 133
롯츠(Johannes B. Lotz, SJ) 102
루이스(Clive Staples Lewis) 121
루터(Martin Luther) 36

마르셀(Gabriel Marcel) 84, 96, 133, 137
마리탱(Jacques Maritain) 131
매킨타이어(Alasdair MacIntyre) 131
무니에(Emmanuel Mounier) 143

바르트(Karl Barth) 36

바오로(St. Paulus) 19
바흐(Johann Sebastian Bach) 31
발츠(Angelus Walz, OP) 11
베르나르두스 드 샤르트르(Bernardus de Chartres) 122
베이컨(Francis Bacon) 52
보나벤투라(Bonaventura) 16, 20, 108
보헨스키(I. M. Bochenski) 89
볼프(Christian Wolff) 86
부스트(Peter Wust) 134
블로흐(Ernst Bloch) 130, 133

사르트르(Jean-Paul Sartre) 53, 54, 58, **84-85**, 89, 90, 91, 96, 97, 133, 138
셸러(Max Scheler) 132
소크라테스(Socrates) 69, 123, 141
스타니슬라우스(Stanislaus von Dunin-Borkowski) 127
시모나잇(Max Simoneit) 134
시제 브라방(Siger de Brabant) 38
"십자가의" 성 요한(Johannes a Sancta Cruce) 35

"아기 예수의" 성녀 데레사(Theresa a Infante Jesu) 35
아렌트(Hannah Arendt) 143, 144
아리스토텔레스(Aristoteles) 12, 19, 24, 36, 37, 70, 81, 87, 98, 99, 132, 137
아리스토파네스(Aristophanes) 124
아베로에스(Averroes) 25, 37
아비첸나(Avicenna) 63
아씨시의 프란치스코(Franciscus de Assisi) 12
아우구스티누스(Augustinus) 9, 19, 20, 31, 32, 33, 34, 62, 82, 96, 97
아인슈타인(Albert Einstein) 128
아일랜드 출신 페트루스(Petrus d'Hibernia) 12
아퀴노의 란둘포(Lanfulfo de Aquino) 10, 14
알베르투스 마뉴스(Albertus Magnus) 15, 16, 18, 19, 39, 76, 99, 107, 108
앤스콤(Elizabeth Anscombe) 131
야스퍼스(Karl Jaspers) 130
에틀링거(Max Ettlinger) 127
엘리엇(T. S. Eliot) 124
엥겔스(Friedrich Engels) 89

우르바노 4세(Urbanus IV) 18, 108
인노첸시오 4세(Innocentius IV) 14
인노첸시오 5세(Innocent V) 18
인챠르트(Ferdinando Inciarte) 121

장 드 생질스(Jean de St. Giles) 13
장켈레비치(Vladimir Jankélévitch) 131
질송(Etienne Gilson) 122

체스터튼(Gilbert K. Chesterton) 33, 35

카르납(Rudolf Carnap) 128
카시러(Ernst Cassirer) 128
칸트(Immanuel Kant) 51, 52, 130, 132, 135
콘라딘(Konradin) 18, 108
쿠사누스(Nicholas Cusanus) 69
크뤼거(Gerhart Krüger) 134, 138
클레멘스 4세(Clemens IV) 18, 108
키에르케고르(Søren Kierkegaard) **84-85**, 96, 125

테우토니쿠스(Johannes Teutonicus) 15, 16
톨로메오 루카(Tolomeo da Lucca) 17
톨스토이(Leo Tolstoi) 80
퇴니에스(Ferdinand Tönnies) 128
튀른발트(Richard Thurnwald) 128

페캄(Johannes Peckham) 24
펠스터(Franz Pelster) 79
폰 발타사르(Hans Urs von Balthasar, SJ) 127
폰 비제(Leopold von Wiese) 128
프르치바라(Erich Przywara, SJ) 127, 133, 134
프리드리히 2세 황제(Friedrich II) 10, 11, 12, 13, 107
플라톤(Plato) 81, 82, 83, 96, 97, 99, 124, 125, 141, 147
플렝게(Johann Plenge) 128
피타고라스(Pythagoras) 55

하이데거(Martin Heidegger) 48, 67, 84, 96, 128, 130, 132, 133, 138
해커(Theodor Haecker) 125, 138
헤겔(Georg W. F. Hegel) 84, 130
헤그너(Jakob Hegner) 129

사항색인

가난(paupertas) 13
"가난뱅이들"(pauperes) 12
가지성(intelligibilitas) 57
감각상(感覺像, phantasma) 30
감각적 영혼(동물, anima sensitiva) 30
'거인의 목말을 탄'(gigantium humeris insidentes) 122
겸손(humility) 22, 23, 24
경배(Kult) 146
경외심에서 우러나오는 침묵(silence of reverence) 105
경청(敬聽, listening) 143
경탄의 태도(attitude of wonfer) 124
계명(praeceptum) 28
고유하게 근대적인 사고는 그것이 특별히 '실재주의적'(realistic)이라고 믿는 것으로 기운다 90
공동선(bonum commune) 95
공리주의적 윤리학(utilitasriam ethics) 132
교수자격논문(Habilitation) 138
『교수자격논문: 사물의 진리』(*Habilitationschrift: Wahrheit der Dinge*) 134
교정이라는 것은 대조되는 사상과 어떤 진정하고 특별한 상관관계가 존재한다는 것을 함축한다 92
교황 궁정(papal court) 18
교황(Papa) 11, 14
교회 정치(ecclesiastical politics) 14, 100
교회는 다양한 방법으로 그[성 토마스]의 가르침을 교회 자신의 가르침으로 삼았다 39
『교회법』(*Codex Juris Canonici*) 100
'교회의 박사'(Doctor Ecclesiae) 39
구성적 지성(constructive intellect) 54
국제토마스학회(International Thomistical Congress) 79

『군주통치론』(De regimine principum) 18, 108
궤변(sophism) 125
그 어떤 인간의 생각이나 말도 도달할 수 없는 저 신비의 형언할 수 없는 깊이 41
그[피퍼]의 철학의 비밀의 열쇠(the secretary key to his philosophy) 136
그는 생애의 최선의 에너지와 최선의 부분들을 '탐구' 작업이 아니라 초심자들을 위한 교재에 쏟았다 27
'그들 내부에 있는 것이 어떤 형상을 향해 움직인다'(in quod in ipsis est, movet ad aliquam formam)는 것이 바로 생명의 표지이다 29
그리스도교 교리의 헬레니즘화('Hellenising' of Christian doctrine) 36
그리스도교 보편적 박사의 '이성'의 정신(the spirit of the ratio of the Universal Doctor of Christendom) 98
"그리스도의 적(Anti-Christus)의 자식들" 12
극기 훈련(mortification) 22
근대철학(Modern philosophy) 95
근본적 희망(esperance) 130
금욕(禁慾, ascetic exercises) 22
기술공학(technology) 89

'나그네 인간'(homo viator) 133
나그네(viator) 70
나는 '다른 이들이 어떻게 생각하는지'를 알고 싶은 것이 아니라, '사물들의 진리가 무엇인지'를 알고 싶다 123
나치 정권(Nazi regime) 129
나태(acedia) 142
나폴리(Napoli) 11, 12, 13, 18, 108
나폴리대학(University of Naples) 12, 13
나폴리의 대주교(archbishop of Naples) 18
낙관주의(optimidm) 78
"내가 지금껏 쓴 것들은 나에게 모두 지푸라기에 불과한 것으로 느껴져" 42
내국인 강좌(the second chair) 13
내밀하게 인식될 수 있음(cognosccibilitas intrinseca) 56
내밀한 명료성(inner clarity) 57
노동세계와 기능주의적 사고의 전체주의(totalitarianism of the working world and functionalist thinking) 139
노예적(servile) 활동 140
노트르담 대성당(Notre Dame Cathdrale) 107

논리적 진리(veritas logica) 52

다보스 고등연구소(Hautes Ecoles in Davos) 128
단언(assertion)과 반-단언(counter-assertion) 형식에서의 진보 76
당당한 평온(imposing calm) 19
대신덕(theological virtues) 129, 131
『대이교도대전』(*Summa contra Gentiles*) 17, 18, 25, 28, 37, 65, 108
덕(virtue) 131, 137
덕에 기초를 둔 윤리학(Virtue-based ethics) 140
'도구'(instrumentum) 31, 33
도덕적 상대주의(moral relativism) 126
도덕적 활동의 정초(foundation of moral action) 126
도미니코회(Dominican convents) 13, 16, 107, 125
동방의 지혜(wisdom of the East) 99

라틴 아베로에스주의(Latin Averroism) 19, 32, 37, 38
로마(Roma) 18, 108
로카세카(Roccasecca) 14
루이 왕(St. Louis, king of France) 15, 107, 108
르네상스(Renaissance) 38
리옹(Lyons) 15, 20, 43

마니교도(Manichaeans) 36
막내아들 토마스(the youngest son Thomas) 11
모든 개별 사물의 진리는 설정되어 있는 그 존재의 속성이다(veritas uniuscujusque rei est proprietas sui esse quod stabilitum est ei) 63
모든 긍정적인 기회가 동시에 위험을 포함하고 있다 77
모든 피조물은 그 자신의 고유 종(propriam speciem)을 가지고 있다 67
목욕과 잠을 영혼의 우울감에 대한 치료제로 추천한다 35
목적(end) 28, 52, 95, 104, 139, 140, 141, 145
몬테카시노(Monte Cassino) 11, 14, 107
몰리나스주의(Molinism) 79
무기물(無機物, inanimata corpora) 29
무서운 내적 투쟁(terrifying interior struggle) 23
무신주의적 허무주의(atheistic nihilism) 85
무지(ignorantia) 40, 69

물리학(physics) 99
뮌스터대학(Univ. of Münster) 124
'뮌스터의 철학자'(philosopher from Münster) 124

박쥐의 눈에 햇빛이 [너무] 부셔 [볼 수 없는] 것처럼, 인간의 지성도 그 본성상 너무도 명백한 것에 직면할 때, 그러하다 70
'박학한 무지'(docta ignorantia) 69
'반(反)창조의 의지'(will for de-creation) 137
방사(放射, radiance) 57, 64
법학(law) 124
"벙어리 황소"(Bos Mutus) 15
베를린대학(Univ. of Berlin) 124
'보편적 박사'(Doctor Universalis) 88, 98, 100
본성(本性, natura) 28, 29, 52, 53, 54, 55, 58, 61, 62, 70, 76, 82, 85, 88, 90, 91, 92, 93, 104, 133, 136, 137, 145, 146
본성적 우위(prioritas naturae) 56
본질(essence) 17, 31, 63, 64, 67, 68, 82, 87, 91, 93, 97, 98, 135, 136
본질과 존재 사이의 실재적 구별(real distinction between essence and existence) 79
볼로냐대학(University of Bologna) 13
볼셰비즘(Bolschevism) 89
부정 신학(theologia negativa) 40
부정 철학(philosphia negativa) 64, **85-88**, 136
분리된 철학적 사고(separated philosophical thought) 37
불가지주의(agnosticism) 69
비록 박쥐의 눈은 태양을 바라볼 수 없지만, 독수리의 눈은 그것을 볼 수 있다 (Solem etsi non videat oculus nycticoracis, videt tamen eum oculus aquilae) 71
비소유(non-possessio) 66
'비적시적 명상'(Untimely Meditations) 78
'비적시적 적시성'(untimely timeliness) 90
비테르보(Viterbo) 18
빛의 심연(abyss of light) 93
빛의 충만함(fullness of light) 68

『사랑』(Über die Liebe) 132

『사랑에 관하여』(Über die Liebe) 129
사물들은 오직 그것들이 사고에 의해서 만들어지는 한에서만 어떤 본질을 가지고 있다 54
사물들은 자기 본질을 통해서 다만 불완전한 방식으로만 하느님을 표현한다 68
사물들은 정확히 그것들이 모두 너무도 알려질 수 있기 때문에 인간 인식에 의해 접근될 수 없다 70
사물들은 피조물로서 하느님의 원형적인 창조적 사고와 일치한다 58
사물들은 하느님이 그것들을 바라보시기 때문에 존재한다 62
사물들의 본질은 어떤 기획하는 창조적 인식의 결실이다 63
사물들의 본질적 원리들은 우리에게 알려지지 않는다(principia essentialia rerum sunt nobis ignota) 65, 86
사물들의 뿌리(radix rerum) 93, 137
사물들의 알려질 수 있음이 어떤 유한한 지성에 의해서 전적으로 소진될 수 없는 것은 그것들의 바로 본성의 일부이다 61
사물들의 진리(veritas rerum) 26, 52, 56, 61, 63, 124
사물들이 지성의 규범이고 척도일 때[인간의 경우], 진리는 지성이 사물들과 일치하는 데에서 성립된다(Quando igitur res sunt mensura et regula intellectus, veritas consistit in hoc, quod intellectus adaequatur rei) 58
사물의 현실성 자체가 그것 자체의 빛이다(Ipsa actualitas rei est quoddam lumen ipsius) 57
사물이 그것을 지각하는 인간 지성을 측정한다 135
사추덕(Cardinal virtues) 129, 131
『사회정치에 관한 명제』(Thesen zur Gesellschaftspolitik) 128
사회학(sociology) 128
산조반니 성채(Castello San Giovanni) 22, 42, 107
"살아 있는 실존의 직접성"(das Unmittelbare) 21
『삶을 위한 역사의 활용과 단점에 관하여』(Of the Use and Disadvantage of History for Life) 78
『삼위일체론 주해』(In De Trin.) 64
『삼위일체론』(De Trinitate) 9
상대주의(relativism) 125
'새 것을 좇는 데 누구보다 뒤지지 않는 자들'(grandi moderni) 76
새로운 관념들을 위해서 전통의 영역을 부수고 포기하기를 거부한 것이 알베르투스와 토마스의 '근대정신'(modernitas)의 특질이다 99
새로운 질서를 확립한 동일한 그리스도가 동시에 최초의 창조의 영원한 원형이다 34

새로운 프롤레타리아 양성(formation of a new proletariat) 140
생리학(biology) 99
생명(vita) 29
생산성(productivity) 141, 142
생자크(St. Jacques) 15
서구의 고전적인 존재론적 가르침(classical ontological doctrine of the West) 51
서방의 가장 위대한 교수가 벙어리가 되었다!(the greatest teacher of the West had become dumb) 42
서방의 전통적 지혜(the traditional wisdom of the Occident) 88
선행 형상(prae-forma) 135
설계(design) 91, 92
설교[자들의]수도회(Ordo Praedicatorum) 14, 15, 16
성 토마스는, 사물들의 헤아릴 길 없음은 그것들의 알려질 수 있음과 거의 동일하다는 것을 보여준다 92
성 토마스의 마지막 말은 대화가 아니라 침묵(沈默, silentium)이었다 41
성 토마스의 언어(language of St. Thomas) 31
성 토마스의 예외적인 천재성(rare genius of St. Thomas) 51
성 토마스의 인식론(theory of knowledge of St. Thomas) 83
성 토마스의 진리(眞理, veritas) 이론(St. Thomas's doctrine of truth) 51, 52
성경(Sacra Scriptura) 34, 81, 99
성찰적 명상(reflective meditation) 82
세계에 대한 긍정적 접근(affirmative approach to the world) 145
세계의 본질적 실재에 대한 충만한 성찰을 어떤 폐쇄된 명제들의 체계 안에서 달성한다는 것은 인간의 역량 안에 있는 것이 아니다 84
세상 영원성(aeternitas mundi) 37
'소각'(auto-da-fe) 36
소유(possessio) 43, 70, 77
소진되지 않는 빛(inexhaustible light) 91, 136
소크라테스에 관해 염려할 것이 아니라, 먼저 우선적으로 진리에 관해 염려하라 123
수단(means) 145
"수도원 다락방의 침묵"(silence of the cloister cell) 10
수아레즈주의(Suarezism) 79
순수 국립대학(pure state university) 12
순수 정신(pure intellect) 76
'순수 철학'(pure philosophy) 52

'순수' 철학('pura' philosophia) **95-97**
순수하게 역사적인 접근법(purely historical approach) 38
시(詩, Poets) 17, 22
'시대정신'(Zeitgeist) 88
시성 과정(canonization process) 41, 43
식물(植物, planta) 29
신(神, Deus) 31
신경(信經, Credo) 28
'신사의 활동'(gentleman's activity) 139
신-스콜라학(Neo-Scholastica) 40, 69, 86
『신앙』(Fides) 132
신앙과 이성(fides et ratio) 37, 123
신적 지성(intellectus divina) 55
신적인 조명(illuminatio divina) 82
『신학대전』(Summa Theologiae) 9, 10, 18, 20, 27, 35, 36, 40, 42, 55, 58, 62, 64, 65, 86, 95, 108, 124
『신학대전』이 미완(未完)의 작품이라는 사실은 거의 주목을 받지 못했다 86
『신학 요강』(Compendium Theologiae) 20, 108
신화(mythos) 125
실재 전체의 질서정연한 구조(the ordered structure of total reality) 28
실재의 언어(language of reality) 23
실재의 진리(veritas rerum) 38
실재의 진리를 파악하는 것, 이것이 바로 성 토마스의 진정한 열정이다 23
실재적인 것은 그것이 하느님의 정신에 의해서 그리로 질서 지어져 있는 것을 실현하는 한에서 참되다고 일컬어진다 63
실존주의(existentialism) 84, 89
실존주의는 일관되게 무신론적인 명제로부터 모든 결론들을 도출해내려는 시도이다 54
실존하는 사물들로 하여금 인간 인식에 지각되도록 만드는 것은 바로 이 방사이고, 오직 이 방사뿐이다 57
실체적 형상들은 그 자체로 알려지지 않는다(Formae substantiales per se ipsas sunt ignota) 65
실체적 형상의 단일성(unitas formae substantialis) 32, 35
심층심리학(depth psychology) 99
13세기(Thirteenth Century) 21, 76

『아가 주해』(*In Cant. Canticor.*) 43
『아들러에 관한 책』(*Das Buch über Adler*) 125
아베로에스주의(Averroism) 37, 38, 39
(아리스토텔레스는) 자연적 우주의 '질서'가 그 안에 새겨져 있는 한 위대하고 풍요로운 정신 36
아리스토텔레스는 자연적 창조 질서의 맑은 거울 36
아리스토텔레스는 존재에 관한 철학적 가르침을 '신학'(theologia)이라 불렀다 97
아우구스티누스에게는 진정한 철학적 행위가 신앙의 행위로 시작된다 97
아우구스티누스주의(Augustinism) 19, 32, 82
아우구스티누스주의는 인간 안에 다수의 형상적 원리들이 있다는 것을 수용한다 32
아우슈비츠(Auschwitz) 130
'아웃사이더' 철학자들(Outsider philosophers) 138
아직 소유하고 있지 않음(not-yet-possession) 70
'아직 아니'(not-yet-being)의 존재론 133
암호 해독의 열쇠(deciphering keys) 48
애정 어린 관조(loving contemplation) 145
어떤 실존하는 사물은 그것이 신적 인식의 유형을 재생산하는 만큼, 참되다 63
(엄청난) 생산성(productivity) 19
「엎드려 흠숭하나이다」(*Adoro Te devote*) 32
'에우다이모니아'(eudaimonia) 132
『여가: 문화의 기초』(*Leisure: The Basics of Culture*) 142
여가의 궁극적 기원(the ultimate origin of leisure) 146
여가의 옹호(defense of genuine leisure) 140
역사로부터 갈라서는 형이상학적 합리주의(metaphysical rationalism) 76
역사적 관점(historical point of view) 123
역사주의(historicism) 123
'열린 연구'(studium universale) 127
영성(spiritualitas) 81
『영성생활의 완성』(*De perfectione spiritualis vitae*) 10
영의 맹목(caecitas spiritus) 23
영적 피조물의 하느님을 향한 귀환 여정(motus rationalis creaturae in Deum) 27
오락 자체를 위한 오락(amusement for amusement's sake) 141
오락(amusement) 144, 145
오류도 역시 진리를 조명하는 데 일조한다 25

오르비에토(Orvieto) 18
오직 진리만이 참으로 적시적이다 101
왜 세계의 본질적 실재를 충만하고 남김없이 다 표현하는 것은 불가능한가? 91
『욥기 주해』(In Job) 24
용기(courage) 24, 129
『용기』(Fortitudo) 132
『용기와 절제』(Fortitude and Temperance) 23, 40
『용기의 의미에 관하여』(Vom Sinn der Tapferkeit) 129
우리 시대를 향한 성 토마스의 교정적 '아니'(No) 88
우리 인식의 최종적 담지자가 영적 영혼이 아니라, 육체와 영혼으로 합성되어 있는 '인간'이라는 것을 의미한다 33
우리가 창조를 통해서 하느님을 완전하게 아는 것은 왜 불가능한가? 66
우리가 하느님을 알지 못한다는 것(quod [homo] sciat se Deum nescire)이 하느님에 대한 인간의 인식에서 궁극적인 것이다 65
우리는 결코 신적 관념들의 유사성을 정확히 유사성으로서 충만히 다 파악할 수 없다 67
우리는 하느님이 누구이신지를 알 수 없고, 다만 그분이 무엇이 아니신지만을 알 수 있다 40, 64
우리의 모든 인식은 감각 지각으로부터 출발한다(naturalis nostra cognitio a sensu principium sumit) 32
우시아(ousia) 87
'우주를 감당할 수 있는'(capax universi) 78
'우주적 은자'(cosmopolitan hermit) 121
『원인론 주해』(In De causis) 57
유연하고 자연적인 공리(the more flexible and natural idiom) 81
유출(流出, emanatio) 29, 30
유토피아의 반대(anti-utopia)로 간주되는 인격적 죽음 130
육체(corpus) 33
육화(肉化, Incarnatio) 36
은총(gratia) 37, 79
'이 메마른 시대에 시가 무슨 소용이란 말인가?' 142
이 미래가 초월을 통해 이루어지는 초월의 움직임에 개방되어 있다 133
이성(ratio) 34, 35, 37, 39, 41, 98, 123
이탈리아(Italia) 18, 108
인간 본성과 같은 것을 창조적으로 생각해낼 그 어떤 신(神)도 존재하지 않기 때문에, 인간 본성과 같은 것은 없다(Il n'y a pas nature humaine, quisqu'il n'y

a pas de Dieu pour la concevoir) 54
인간 인격 완성이 진정한 문화의 번영에 기여한다 147
인간 인식은 측정되기만 하고 측량하지 않는다: 곧 측정되지만 측정하지 않는
　　　것이다 56
인간 인식의 부적합성(inadequacy of human knowledge) 104
인간 정신은 본질적으로 유한하고, 시간에 조건 지어져 있으며 역사적이다 77
인간 지성(intellectus humanus) 30
인간은 철학적 탐구에서 거듭거듭 실재가 그 깊이를 헤아릴 길 없는 것이라는
　　　경험과 마주친다 105
인간의 '진정한 모상'(man's 'true image') 95
인간의 도덕적 행위의 기초(the basis for noral human action) 124
인간의 정신은 본질적으로 시간과 역사에 조건 지어져 있다 75
인공물들(artifacts) 89
인본주의자(Humanista) 31
인식은 언제나 우리 자신의 존재의 한 모상(image)이다 33
인식은 진리의 어떤 특정 결과이다(Cognitio est quidam veritatis effectus) 59
일(work) 144, 147
일반 총회(Capitulum generale) 15
일상의 희망(espoir) 130
일의 전체주의(totalitarianism of work) 143

자기중심성(self-importance) 25
자신의 가르침이 자신의 삶보다 더 오래 지속될 수 있게 해달라는 그의 기도
　　　26, 43
자신이 그분을 알지 못한다는 것이야말로 하느님에 관한 인간의 궁극적 지식
　　　이다(Hoc est ultimum cognitionis humanae de Deo; quod sciat se Deum
　　　nescire) 40
자연법(lex naturalis) 95
자연적 사물들의 진정한 존재는 측량할 수 없다 91
자연적 실재는 측량된 것이면서도 동시에 그 자체가 측량하는 것(mensuratum
　　　et mensurans)이다. 56
자연적 이성(ratio naturalis) 35
자연적 창조 실재에 대한 긍정(the affirmation of the natural reality of creation)
　　　33
자유로운 활동(free activity) 140
자유로운 활동만이 진정으로 인간적인 문화 발전을 허용한다 142

자유재량(liberum arbitrium) 37
"자유학예"(artes liberales) 12
작은 형제들의 수도회(Ordo Fratrum Minorum) 14
'장화'(長靴, the Boot) 19
재속(在俗)성직자(the secular clergy) 12, 16
적시성(timeliness) **75-102**
'적시성'이 좀 더 힘차게 부각되면 될수록, 진리가 진리 '로서'(qua) 더욱 심층적으로 알려지게 된다 101
전기(biography) 10
전체주의(totalitarianism) 139
전통(traditio) 100, 125, 128, 131, 137,
전통적으로 영속화된 어떤 명제들의 체계(a traditionally perpetuated teaching system of propositions) 80
『절제』(*Temperantia*) 132
정결(castitas) 22
『정의』(*Justitia*) 132
정통교리의 표준(stanfard of orthodoxy) 100
제2차 세계대전(World War II) 123, 133, 140
'존재 역량'을 실현시키는 '도중에 있는' 자유로운 인간 존재자의 인간학 133
존재(esse) 31, 33, 34, 50, 51, 59, 61, 63, 64, 66, 70, 76, 79, 85, 87, 91, 93, 94, 97, 105, 137, 143, 144, 146
존재는 신비다(Being is mystery) 105
존재론적 우위(ontological precedence) 56
존재론적 진리(veritas ontologica) 52
존재에 대한 감사를 의미하는 경신례(worship, which signifies thanksgiving for existence) 146
『존재자와 본질』(*De ente et essentia*) 17
존재자와 참은 서로 호환된다(ens et verum convertuntur) 62
존재자의 의미 전체(das gesamte Daseinsgefühl) 136
존재하는 모든 사물은 그것이 하느님의 지식을 모방하는 한에서 자기 본성의 진리를 소유하고 있다(Unamquodque enim intantum habet de veritate suae naturae, inquantum imitatur Dei scientiam) 62
좌우명(watchword) 123
주님의 기도(Lord's Prayer) 28
중립성의 원리(principle of neutrality) 133
지성 단일성(unitas intellectus) 37

지성(intellectus) 30
지성은 사물을 그 본질에 이르기까지 관통한다(intellectus vero penetrat usque ad rei essentiam) 68
지성이 사물들의 척도 또는 규범일 때[신의 경우], 진리는 사물들이 지성에 일치하는 데에서 성립된다(quando intellectus est regula vel mensura rerum, veritas consistit in hoc, quod res adaequantur intellectui) 59
지성적 전투(intellectual battles) 11
'지혜 사랑' 차원(wisdom-loving dimension) 124
지혜(sapientia) 37
진리 사랑과 인간 사랑, 오직 이 두 가지가 교사를 구성하는 유일한 요소이다 26
진리 전체를 동시적으로 소유하고 있는(tota et simul possessio) 정신 75
진리는 그 어떤 (인간적) 지시에 의해 소진될 수 없다. 따라서 그것은 언제나 새로운 정식화에 열려 있는 채로 남아 있다. 99
『진리에 관한 토론문제』(Quaestiones Disputatae de Veritate) 55
진리에 직면할 용기(courage to face truth) 24
진리에서의 결정적인 요소는 그 적시성이 아니라 그 진리성이다 101
'진리의 교사'(Magister Veritatis) 26
진정한 교사의 결코 끝나지 않는 두 가지 과제(twofold, never-ending task of the true teacher) 102
진정한 문화는 오직 여가라는 토양 안에서만 번창한다 147

창조 개념이 성 토마스 존재 철학의 '거의 모든' 개념들의 내적 구조를 규정한다 50
창조(creatio) 33, 34, 35, 36, 40, **49-52**, 54, 64, 69, 91, 96, 133, 136, 137, 138, 142, 146
창조된 것들은 하느님으로부터 창조되었기 때문에 모두 선하다 33
창조의 형이상학(metaphysics of creation) 137
창조적 지성(creative intelligence) 54
'창조주의 토마스'(Thomas a Creatore) 35
척도(mensura) 56, 57, 58, 59, 90, 101, 126, 135, 141
천사(angelus) 23, 28, 30
천재(genius) 100
철학 연구는 다른 이들이 무엇을 생각했는지를 배우는 것이 아니라, 실재의 진리가 무엇인지를 배우는 것이다 38
『철학을 한다는 것은 무엇을 의미하는가』(What Does It Mean to Philosophize?) 139
철학의 내적 구조(inner structure of philosophy) 95

철학적 무신주의(philosophical atheism) 91
철학적 인간학(philosoiphical anthropology) 95
철학적 탐구 과정에서 도달할 수 있는 답변들은 어떤 완전한 '체계'를 세우기에 충분하지 못하다 104
청년운동(Youth Movement) 12
체계적 철학에 대한 불신(distrust of systemastic philosophy) 84
초월로써 [이루는] 초월(transcendence with transcendence)의 형이상학 131
추상적이고 일반화된 명제는 실재의 깊이에 도달할 수 없다 85
축제거행(celebration) 146
취임 강연회(Inceptio) 17

칸트의 형식적인 법 및 의무의 윤리학(the formal Kantian ethics of law and duties) 132
쾌락에의 의지(will-to-pleasure) 23
쾰른 대성당(Köln Cathedrale) 16, 107
쾰른(Köln) 16

탁발수도회(托鉢修道會, Ordo mendicans) 12, 14, 22
탐구(studium) 13, 15, 26, 43, 62, 65, 75, 83, 93, 95, 97, 104, 122, 136, 138
태도로서의 토미즘(thomism as an attitude) 98
『토론문제집』(*Quaestiones Disputatae*) 20, 40, 65, 67
토마스는 논리를 두려워한다기보다는 신비(神祕, mysterium)를 두려워했다 41
투쟁(struggle) 10, 11, 20, 23, 32, 33, 127
특별한 성덕(聖德, sanctitas) 22
특유의 인상(singular impression) 21

파리대학(University of Paris) 13, 16, 17, 18, 32, 38, 98, 108
파문(破門, excommunicatio) 11
평온함(serenity) 9, 19
평정(composure) 19
평화(pax) 10, 22
포괄(comprehensio) 28, 40, 68, 70, 135
포사노바(Fossanova) 20
포스트-모던(post-modern) 53, 90
포용(comprehensio) 61, 93, 99, 134, 135, 136
포용적 긍정(embracing affirmation) 70

표현되지 않은 채로 남아 있지만 실제로 언급되고 있는 것을 온통 물들이고 있
는 저 기본적 가정들 48
표현된 것들 속에 표현되지 않은 것(das im Sagen Ungesagte) 48
프란치스코회(Franciscan convents) 13, 14, 15, 16, 24
프롤레타리아적 지위(proletarian status) 121
플라톤은 신화와 고대인들로 돌아섬으로써 철학의 완성을 정초하려 시도하였
다 97
플라톤의 대화 방식(method of Platonic dialogues) 83
피조된 인식의 구조(structure of creaturely knowlefge) 68
'피조됨'이 전적으로 그리고 온통 관통적으로 피조물의 내적 구조를 규정한다
49
피조물은 무로부터 오는 것인 한에서 어두움이다(Creatura est tenebra inquantum est ex nihilo) 67
피조물이 제한되고 유한한 실체를 지니고 있다는 바로 그 사실이야말로 그것이
어떤 원리로부터 파생된 것임을 보여준다 54
피퍼가 사추덕과 대신덕들에 관한 탁월한 철학적 종합 작업을 해냈다는 사실은
종종 망각된다 131
피퍼는 서구 전통의 위대한 철학자들에게 관심을 집중하였다 122

하느님 안에 있는 이 본원적 유형과 창조된 그 복사물 사이의 상응 63
하느님 안에 있는 피조물은 창조적인 본질이다(Creatura in Deo est creatrix essentia) 62
하느님을 알려지지 않은 분(tantum ignotum)으로 인정함 65
하느님을 향한 신부(新婦)의 사랑(nuptial love for God) 43
하느님의 창조적 인식은 측량하지만 아무것도 수용하지 않는다. 측량되지 않은
측량자(mensurans non mensuratum)이다 56
하느님의 파악 불가능성(incomprehensibilitas Dei) 40
한 사람을 오류로부터 진리로 인도하는 것을 그는 한 사람이 다른 사람에게 할
수 있는 가장 위대한 봉사로 간주하였다 26
한 시대가 '원하는 것'뿐만 아니라 그 시대가 '필요로 하는 것' 또한 적시적이
다 77
해석(interpretatio) 9, 11, 38, 39, 47, 48, 49, 50, 52, 69, 79, 80, 82, 96, 99, 104, 125, 131
『향연』(*Symposium*) 82
허무주의(nihilism) 85
현대 실존주의, 예컨대 사르트르는 인공물과 자연 사물의 차이를 강력히 강조

한다 89
현대 철학(contemporary philosophy) 83, 88, 94
현대 합리주의(modern rationalism) 53
『현명』(Prudentia) 132
'현존재'(Dasein) 130
『형이상학』(Metaphysica) 87
활동주의(activism) 140, 141
황제(imperor) 10, 11, 12, 13, 14, 15, 18, 107, 108
효과(效果, efficiency) 31, 100, 144
후기 스콜라학(Late Scholasticism) 27
후속 형상(apres-formes) 135
희망(spes) 26, **68-71**, 95, 124, 130, 131, 136, 137
'희망'이라는 인식 주체로서의 인간 실존 조건(condition of man's existence as a knowing subject) 70
희망은 부정보다 훨씬 더 긍정에 가깝다 70
『희망의 원리』(Das Prinzip der Hoffnung) 130
히로시마(Hiroshima) 130, 132

| 역자후기 |

1. 요셉 피퍼(Josef Pieper)는 1904년 엘테(Elte, Steifurt, Westphalia)에서 태어나 뮌스터대학과 베를린대학에서 철학, 법학, 사회학을 공부하였다. 1929년의 박사학위 논문 제목은 『토마스 아퀴나스에 따른 도덕적 존재의 토대』(*Die ontische Grundlage des Sittlichen nach Thomas von Aquin*)였다. 이후 3년간은 사회학연구소 조교로 있었고, 그 뒤 10년 동안은 자유기고가로 지냈다. 1945년 모교인 뮌스터대학 철학과 교수가 되어 왕성한 저술활동과 강연활동을 하다가 1972년 은퇴하였지만, 그 뒤로도 강연활동을 계속하였고 1997년 선종하였다.

피퍼만큼 생애와 작품이 밀접하게 연결되어 있는 작가는 찾아보기 어렵다. 그의 문제의식은 한 가지 근본적인 관심사, 곧 인간의 가치, 그의 윤리적 활동, 실재 총체 안에서의 인간의 의미 주변을 맴돌고 있다. 그는 먼저 덕(virtus)에 관한 연구를 통해 전통 윤리학의 가치를 재건하는 일에 관심을 기울여, 『용기』(1934), 『지혜』(1937), 『절제』, 『정의』(1953) 등 사추덕에 관한 연구를 일단락지었고, 『희망』(1935)을 시작으로 대신덕(對神德)에 관한 연구도 병행하여 1972년 '사랑'에 관한 연구를 끝으로 칠추덕에 관한 연구를 모두 완성하였다.[1] 1944년에는 중세인간학의 가치를 검토하는 『사물의 진리』를 발표하여, 현대 철학에서 각광받는 현상학적 방법과 성 토마스의 실재주의적 형이상학이 존재론적 의미로 가득 차 있고 진정한 가치들에 개방되어 있는 인간 인격의 섬세한 구조를 정초하는 데 서로 도움을 줄 수 있다는 점을 밝힌다. 그리고 1950년에 발표한 『시대의 종언』에서는 인간의 역사성의 궁극적 의미를 천명한다. 그것은 이미 1935년 『희망』에서 착수한 역사에 대한 깊은 분석과 날카로운 통찰들을 풍요롭게 발전시킨 것으로서, 역사와 종말론이 인간의 실존적 차원의 여정을 마무리 짓는다고 역설한다. 이런 역사적이고 실존적인 통찰들을 바탕으로 그는 『부정 철학』(1953), 『성 토마스 아퀴나스 입문』(1958), 『스콜라철학: 중세철학의 유형과 문제들』(1960) 등의 작품을 통해 현대의 문제들에 대한 해답을 찾아내고 있다. 우리나라에 1980년대 후반부터 소개되기 시작한 저자의 작품들은 이미 상당수에 이른다.[2]

---

1. 일반 윤리학계에서는 참으로 이상하게도, 이처럼 40년간 꾸준히, 그리고 사추덕으로만 한정하더라도 1934년부터 1953년까지 20년간 꾸준히 덕을 연구하고 발표한 피퍼의 노력의 결실들을 도외시한 채, 1958년 학술지에 발표된 앤스콤의 한 논문(Elizabeth Anscombe, "Modern Moral Philosophy", *Philosophy* 33[1958], 1-15)을 현대 '덕 윤리학'(Virtue Ethics) 복원운동의 효시로 보고 있다: 알래스데어 매킨타이어, 『덕의 상실』[1981], 이진우 옮김, 문예출판사, 1997, 91쪽: [사실 이 책을 통해 '덕'에 대한 전 세계적인 관심을 폭발적으로 불러일으킨 저자는 피퍼에 대해서는 일언반구도 없이, 앤스콤에 대해서 이렇게 말하고 있다.] "나의 논증은 이 점에 있어서, 그리고 다른 점에 있어서도 앤스콤의 1958년도 저서[argument]에 많은 빚을 지고 있지만, 사실 그의 논증과는 다르다."; 린다 작젭스키, 『마음의 덕』[1996], 장동익 옮김, 씨아이알, 2016, 21-22쪽: "최근 철학에서 행위보다 덕에 초점을 맞춘 윤리의 이점에 관심을 요청하고 있는 최초의 주요한 시도는 1958년에 나온 엘리자베스 앤스콤의 논문 'Modern Moral Philosophy'일 것이다."; 장동익, 『덕 윤리: 그 발전과 전망』, 씨아이알, 2017, 5쪽: "현대 윤리학이 가진 문제점을 자각하고 해결하려는 윤리학자들의 노력은 현대 윤리학의 문제점을 보다 심도 있게 들춰내려는 작업으로 이어졌다. 그리고 윤리학에서 새로운 길을 모색하도록 자극했다. 앤스콤은 이러한 새로운 길을 최초로 모색하고 시도하였다."
2. 『철학이란 무엇인가』[1967] / 『사물들의 진리』[1944] 합본』(허재윤 옮김, 이문출판사, 1986), 『철학과 아카데미아』(『철학함이란 무엇인가? / 대학이란 무엇인가?』[1964] 합본: 박영도 옮김, 종로서적, 1987), (편) 『토마스 아퀴나스 선집』[1956](박영도 옮김, 이문출판사, 1993), 『정의에 관하여』[1953](강성위 옮김, 서광사, 1994), 『토마스 아퀴나스 그는 누구인가』[1958](신창석 옮김, 분도출판사, 1995), 『중세 스콜라 철학: 신앙과 이성 사이의 조화와 갈등』[1960](김진태 옮김, 가톨릭대학교출판부, 2003), 『사물들

2. 피퍼의 철학함의 기조에 관해 한마디 하자면, 진정한 철학자의 과업은 '이루 다 헤아릴 길 없는 실재 전체를 시야에서 놓치지 않는 것'임을 강조하는 그는 전통(傳統, traditio)의 가치를 매우 존중한다. 여기서 전통이란 유럽 문명의 기조를 이루는 고대 철학 전통과 그리스도교의 초자연적 가르침이다. 그는 감히 건드릴 수 없는 내용을 담고 있는 신적 전통과 (온갖 형태의 보수주의와는 전혀 다른) 끊임없이 발전을 거듭하는 인간적 전통 유산을 둘 다 소중히 활용할 줄 안다. 피퍼는 현대의 문제들을 성 토마스의 가르침 속에 깊이 편입시켜, 본질적으로 신중심적인 그의 노선 속에서, 본질적으로 인간중심적인 현대 철학을 괴롭히고 있는 문제들에 대한 만족할 만한 해답들을 도출해내고 있다. 이 점에서 피퍼의 학문적 기조는 자신들을 '거인의 목말을 타고 있는 난장이'(nani insidentes gigantium humeris)라 여기며 선조들의 문화유산을 대단히 존중하는 마음으로 철저히 학습하고 그 기초 위에서 자기들 시대의 문제들을 풀어나가던 중세 스콜라학자들의 자세를 고스란히 계승하고 있다.

피퍼는 거의 모든 작품에서 인류 사상사 전체를 관통하고 있는 핵심적인 주제, 곧 신앙과 이성, 또는 내재와 초월의 관계라는 주제를 추적한다. 그는 신앙에 열려 있는 이성, 창조의 형이상학을 추구한다. 그는 평생의 스승인 성 토마스처럼 형이상학적 실재주의(metaphysical realism)의 노선을 따라 세상 창조와 그리스도의 육화를 이해하고자 하며, 인간이 타고난 자연적 이성을 통해 알 수

의 진리성: 중세철학 전성기 인간학에 관한 연구』[1944](김진태 옮김, 가톨릭대학교출판부, 2005), 『실재와 선』[1935](김진태 옮김, 가톨릭대학교출판부, 2005), 『여가와 경신』[1948](김진태 옮김, 가톨릭대학교출판부, 2011), 『그리스도교의 인간상』[1949](김형수 옮김, 가톨릭대학교출판부, 2018).

있는 실재와 종교적 계시를 통해 전해지고 신앙을 통해 받아들인 초자연적 실재를 균형 있게 조화시키려고 노력한다. 이것은 윤리적이고 사회적인 가치들을 배제하는 것이 아니라, 오히려 그것을 비판적으로 정초하고, 과학의 긍정적 결실들을 적극적으로 활용하지만 그것을 넘어서서 신비와 초월의 훨씬 더 큰 가치를 향해 나아갈 줄 아는 철학이다. 거룩한 전통에 의해 성장하고 초자연적이고 완전한 희망으로 정향된 인간 실존의 여러 근본 측면들을 부단히 해명하려 노력한 피퍼의 연구 결실들은 그를 20세기 그리스도교 철학의 가장 의미 있는 해설자들 가운데 하나로 자리매김하는 데 모자람이 없다.

그의 글쓰기는 일반 학술서들과는 달리 담백하고 생생한 문체가 특징이다. 언젠가 평생의 스승으로 삼고 있는 '천사적 박사'의 문체에 대해 설명하며 '기름기'(unctio)가 없다고 표현했던 것처럼 그 자신의 어투도 장황한 서술을 피하고 꼭 필요한 최소로 그쳐 간결하다(sobrius).

3. 피퍼는 성 토마스를 이해하기 위한 가장 좋은 안내서로 이미 40년 전에 우리글로도 번역된 바 있는 길버트 체스터튼(Gilbert Chesterton)의 『성 토마스 아퀴나스』[1933](박갑성 옮김, 홍성사, 1984, 214쪽)를 추천하며, 이 책에 대해 질송이 했던 유명한 평을 소개하고 있다: "체스터튼은 사람을 절망스럽게 만든다. 나는 평생을 토마스 연구에 바쳤지만, 결코 이런 책을 쓰지 못했다. … 나는 이 책이야말로 이제껏 토마스에 관해 쓰인 책 가운데 견줄 것이 없는 최고의 책이라고 생각한다. … '멋진' 책이라고 누구라도 자신 있게 말할 것이다. 하지만 20-30년을 토마스 연구에 바치고 스스로 토마스에 관해 두세 권의 책을 펴낸 소수의 독자들은 분명, 이른

바 체스터튼의 '재치'가 자기들의 학문적 자부심을 부끄럽게 만들었다고 느끼지 않을 수 없을 것이다. … 그는 그들이 각각 학술적인 형식으로 표현하려고 다소 서툴게 시도하던 것들을 몽땅 [멋지게] 말해버린 것이다."[3]

그는 이어서 마르틴 그랍만(Martin Grabmann)의 『토마스 아퀴나스의 인품과 작품세계』[1912], 마리-도미니크 슈뉘(Marie-Dominique Chenu, OP) 신부의 『토마스 아퀴나스 연구 입문』[1950], 그리고 에티엔 질송(Etienne Gilson)의 『토미즘』(5th ed., 1944)을 함께 추천하고 있다.[4] 또한 피퍼는 나중에 재쇄를 찍는 기회에, 한참이 지나 경축된 토마스 탄생 700주년에 발간된 제임스 와이스헤이플(James Weisheipl, OP) 신부의 『토마스 아퀴나스 수사: 생애, 작품, 사상』[1974](이재룡 옮김, 성바오로출판사, 1998, 637쪽)을 추가하며 적극 추천하고 있다. 우리는 여기에 "토마스 사상 부흥 운동의 주도적 인물들 가운데 하나에 의해서 쓰인, 성 토마스의 인품과 사상에 관한 최상의 안내서 가운데 하나"(랄프 매키너니)라는 극찬을 받는, 피퍼 자신의 좀 더 넉넉한 분량의 안내서 『토마스 아퀴나스: 그는 누구인가』[1958](신창석 옮김, 분도출판사, 1995, 224쪽)와 토마스 오미어러(Thomas O'Meara, OP)의 『신학자 토마스 아퀴나스』[1997](이재룡 옮김, 가톨릭출판사, 2002, 525쪽)를 추가할 수 있을 것이다.

4. 이번에 출간하는 우리의 소책자는 방금 전에 소개한, 저자의 좀 더 넉넉한 1958년도 안내서의 근간을 이루게 될 세 편의 선구

---

3. 요셉 피퍼, 『토마스 아퀴나스: 그는 누구인가』, 신창석 옮김, 분도출판사, 2판, 2012, 2-23쪽.
4. 그랍만의 작품까지는 몰라도, 질송과 슈뉘의 이 역작들만큼은 머지않아 번역하기로 계획 중에 있다.

적 핵심 통찰을 담고 있다. 1) 첫 번째 작품은 1940년 『토마스 아퀴나스에 관하여』(*Über Thomas von Aquin*)라는 제목으로 출판되었다가 나중에는 『토마스 아퀴나스에 관한 짧은 안내』(*Kurze Auskunft über Thomas von Aquin*)라는 제목으로 출간된 작품이고, 2) 두 번째 작품은 「성 토마스의 철학에 들어 있는 부정적 요소에 대하여」(*De l'elements negatif dans la philosophie de Saint Thomas d'Aquin*)라는 불어 제목으로 『살아계신 하느님』(*Dieu Vivant* 20[1951])이라는 학술지에 실렸던 논문인데, 1953년에 『부정 철학』(*Philosophia negativa*)이라는 제목의 소책자로 따로 출간되었다가, 나중에는 『소진될 수 없는 빛: 토마스 아퀴나스 세계관의 부정적 요소』(*Unaustrinkbares Licht: Das negative Element in der Weltansicht des Thomas von Aquin*)라고 제목을 바꿔 출판되었던 소책자이다. 3) 세 번째 작품은 마드리드와 바르셀로나의 대학에서 행한 강연을 다듬어 『토미즘의 현실성』(*Actualidad del Tomismo*)이라는 제목의 스페인어로 출간되었던 소책자이다.

이처럼 이 책에 실린 세 편의 논설은 각기 다른 기회에 각기 다른 언어, 각기 다른 방식으로 발표되었던 것들인데, 나중에 영역되면서 출판사(Pantheon)가 한 권으로 묶어 출판하며 지금의 제목을 붙였다: *The Silence of St. Thomas*, Southbend(IN), St. Augustine's Press, 1957. 그럼에도 불구하고 한 가지 단일한 주제가 이 책에 담겨 있는, 성 토마스에 관한 세 편의 논설을 관통하고 있다. 그것은 신비(神祕, mysterium)라는 주제, 또는 좀 더 정확히 말하자면, 실재의 궁극적 신비에 대한 인간 지성의 탐색적 응답이라는 주제이다. 신비의 사실과 그에 대한 응답이, 첫 번째 논설을 구성하는 성인의 간결한 전기를 통해 시사되고 있고, 이어서 그의 철학 안에 담겨 있는 '부정적 요소'를 소개하는 가운데 세밀하게 소묘되고 있다. 세 번째 논설은 현대 실존주의가 철학적 사고의 한계라는 이 근본적 요소와 관련하여 천사적 박사의 '구원(久遠)의 철학'과 근본적으로 일치한다는 것을 보여준다.

피퍼는 성 토마스가 말년에 이르러 작업하고 있던 모든 집필활동을 중단하고 침묵하게 된 것이 신비체험을 통해 참진리를 직접 맛보았기 때문이라고 역설한다. 인간 이성의 불완전한 진리 파악 능력이 절대 진리인 하느님을 온전히 다 포착할 수 없다는 불립문자적(不立文字的) 진실을, 말을 넘어 오히려 침묵으로 가리키고 있다는 것이다. 피퍼는 이렇게 결론짓는다. "본서에서 강조하는 바는 철학적 사유의 적극적 성취보다는, 그에 못지않게 중요한 측면, 곧 인간이 자신의 철학적 탐구에서 거듭거듭 '실재란 그 깊이를 다 헤아릴 길 없는 것'이라는 경험과 마주친다는 점과, 존재는 신비라는 점에 놓여 있다. 이 경험은 사실 우리로 하여금 장황한 설명보다는 차라리 침묵 쪽을 택하도록 촉구한다. 하지만 그것은 체념의 침묵이나 더더욱 절망의 체념일 수 없고, 경외심에서 우러나오는 침묵일 것이다."(저자 후기)

저자를 소개하는 글로는, 20세기 최고의 시인 가운데 하나로 평가받는 미국 시인 엘리엇(T. S. Eliot)이 이미 2011년에 출간된 『여가와 경신』에 쓴 '추천사'(7-15쪽)와 평생 피퍼를 '인생의 스승'으로 삼아 살아왔다고 고백한 칼 레만 추기경(Karl Card. Lehmann)이 피퍼 선종 10주기에 발표한 감동적인 강연(같은 책, 111-138쪽)이 있다. 또 2018년에 출간된 『그리스도교의 인간상: 덕에 관하여』에도 분석적 토미스트로 알려진 존 할데인(John Haldane)의 '서문'(7-19쪽)이 달려 있다. 하지만 언급한 글들이 모두 특정 주제를 다루는 작품을 중심으로 소개하고 있어 피퍼의 사상 전반에 대한 평가가 아쉬웠는데, 이번 소책자를 출간하는 기회에 마침 그런 전반적인 평가를 담고 있는 슈마커의 연구 논문을 발견하여, 여기에 "부록"

으로 싣는다.

  이번에도 거친 원고를 매끄럽게 가다듬고 숨어 있는 오식들을 바로잡아준 제자 손윤정 마리아 자매에게 감사드리고, 자꾸만 늦어지는 원고를 인내로 기다려 깔끔하게 마무리해주신 오엘북스 편집진에게도 감사의 뜻을 전하고 싶다.